国葬の成立

明治国家と「功臣」の死

宮間純一 著

勉誠出版

国葬の成立——明治国家と「功臣」の死◉目次

目次

序章

一　日本における国葬

二〇一三年（平成二十五）十二月五日に死去したネルソン・マンデラ元南アフリカ共和国大統領の国葬が同月十日の公式追悼式から始まり、世界各国から王族・政治家などの「要人」が同国を訪問した。ごく最近では、二〇一四年十二月十二日にベルギー王国が主催したファビオラ元王妃の国葬、二〇一五年三月二十九日にシンガポール共和国で開催されたリー・クアンユー元首相の国葬が記憶に新しい。

これらの追悼・葬儀の場には、日本からも皇族や首相が参列し、メディアでその模様が大きく報じられた。国家が主導する葬儀の報道になんらかのかたちで接した人びとは、それまでほとんど知らなかった、あるいは関心がなかった第三者の死を認知し、その人物像を「偉人」・「功労者」といったポジティブなイメージをもって理解することになる。一国を挙げての公葬＝国葬は、彼・彼女の生涯をよく知らない人びとに対しても一個人の死と、葬儀とともに振り返られる故人の事蹟を印象づける国家儀式なのである。

「国葬」とは、『国史大辞典』で大久保利謙が解説している通り、国家の儀式として国費で行われる葬儀のことを指し、日本史上では、「(1) 天皇およびその一家の葬儀で、国制上当然行うもの」と「(2) 国家に偉勲ある者に対して特旨《とくし》により行うもの」の二種類がみられる。[1] このうち、本書で対象とするのは(2)に分類される国葬である。

国家が主催する「偉勲ある者」の葬儀は、アメリカ・イギリス・中華民国などの各国で歴史上みられる営為であり、明治期以降日本にも採り入れられ、戦前・戦中を通じて実施されてきた。戦後の日本では、一九六七年(昭和四十二)の吉田茂の葬儀を最後に行われていない。

「偉勲のある者」≒「功臣」の国葬の嚆矢となるのは、一八八三年(明治十六)の岩倉具視《ともみ》の葬儀とされる。日本では、天皇・皇太后以外の皇族や元韓国皇帝を含めれば、岩倉以降は島津久光《ひさみつ》、三條実美《さねとみ》、有栖川宮熾仁《たるひと》親王、北白川宮能久《よしひさ》親王、毛利元徳《もとのり》、島津忠義《ただよし》、小松宮彰仁《あきひと》親王、伊藤博文、有栖川宮威仁《たけひと》親王、大山巌《いわお》、徳寿宮李太王熈《き》、山縣有朋、伏見宮貞愛《さだなる》親王、松方正義、昌徳宮李王坧《せき》、東郷平八郎、西園寺公望《きんもち》、山本五十六、閑院宮載仁《ことひと》親王、吉田茂の国葬が実施されている。合計二一回に及ぶ国葬は、近代特有の追悼のあり方であり、行政体が中心となって執行される公葬（市葬、町葬など）の中でも頂点に位置づけられるものであった。

国葬は、法的には一九二六年（大正十五）十月二十一日に公布された国葬令ではじめて規定された。[2]国葬令では、天皇・皇太后・皇后の大喪儀《たいそう》に加えて皇太子・皇太子妃・皇太孫・皇太孫妃および摂政在任中の親王・内親王・王・女王を国葬とするほか、「国家ニ偉勲アル者薨去又ハ死亡シタルトキハ、特旨ニ依リ国葬ヲ賜フコトアルヘシ」（第三条）と定められた。これが、大久保利謙が（2）に分類した国葬に当たる。「特旨」とは、すなわち天皇の特別な「思召」を意味する。「国葬ヲ賜フ」との「特旨」は、「勅書」の形式をもって公にされ、内閣総理大臣はこれを公告し、葬儀の式次第は総理が案を作成して「勅裁」を経た上で決定するとされた。つまり、「国家ニ偉勲アル者」の葬儀は、天皇の「思召」をもって、天皇の命令により、内閣の主導で実施するかたちが採られたのである。

国葬令はまた、第四条にて「皇族ニ非サル者国葬ノ場合ニ於テハ、喪儀ヲ行フ当日廃朝シ、国民喪ヲ服ス」と臣下の国葬当日、「国民」が喪に服すことを義務づけている。国家を挙げての追悼が、法的な強制力をともなって実施されることになったといえる。「国民」の立場に立てば、国葬の対象となる人物に対して生前の「偉勲」を讃える場が望む望まないにかかわらず、政府によって用意されることになる。かくして行われる国葬には、膨大な国費が投じられ、墓地までの葬列は華々しいパレードの様相すら呈した。葬列は衆人の中を行進し、新聞各紙はこれを大きく報じている。また、東京から離れた各地の行政機関・学校・宗教施設などでは葬儀の前後に遙祭・追悼会が営まれるようになり、葬送の場に居合わせなかった人びとも間接的に「国家ニ偉勲アル者」の死に接することになった。国葬は、島津久光と李太王熙、李王坧の例を除くと東京で行われたが、葬儀が催された局地的な空間だけで完結したわけではなく、全国を巻き込んだ一大イベントとなったのである。

国葬令は、一九四七年に「日本国憲法施行の際現に効力を有する命令の規定の効力等に関する法律」(3)が施行したことによって同年十二月三十一日をもって失効し、現在国を挙げての公葬を規定する法は日本には存在しない。地方公共団体における公葬も、一九四六年十一月一日内務文部次官通牒(4)で「地方官衙及び都道府県市町村等の地方公共団体は、公葬その他の宗教的儀式及び行事(慰霊祭、追弔会等)は、その対象の如何を問わず、今後挙行しないこと」と地方長官に命令が出され、行政が主導して宗教性をともなう慰霊行為を行うことは政教分離の観点から全面的に禁止された。

しかしながら、文民としての功労者や殉職者に対して、宗教的儀式ではない慰霊祭などを行うことは今なお許容されている。実際のところ、地方公共団体によっては宗教的要素を排除するかたちで戦後も公葬を営んだ例が散見され、現在まで断続的に行われてきている。(5)自治体の中には、条例によって公葬を明確に定義しているところすらある。(6)また、国葬の定義からははずれるが、内閣・自由民主党が主催する合同葬は、橋本龍太郎、宮澤喜一といった首相経験者を対象にここ十年の間にも実施例がある。国葬は制度として廃止され、国葬以外の公葬も戦前期に比較して限定的となったが、今なお日本社会に残存しつづけているのである。

冒頭から日本における国葬の展開を略説したように、日本では国葬は明治期以降に成立した国家儀式であり、戦後、制度上は消滅したが現在もかたちを変えて存在している。本書は、こうした国葬の成立過程を歴史学の立場から通時的に検討し、「国家ニ偉勲アル者」＝「功臣」とされる人物の死がいかなる意味を有したのか――どのような意味が政府によって付与されようとしたのかを実証的に明らかにしようとするものである。

なお、死の呼称として「崩御《ほうぎょ》」・「薨御《こうぎょ》」・「薨去」・「卒去」・「逝去」などの表現が歴史的に使用され、現在にいたったことが知られる。[7] 明治政府は、明治五年正月十四日、天皇・太上天皇・三后は「崩御」、皇太子・皇族は「薨御」、三位以上は「薨去」、五位以上は「卒去」、六位以上は「死去」と天皇を頂点とした死の呼称を定めて差別化した。[8] これらのうち、いくつかは現在まで変化しながらも使用されているが、本書では引用箇所を除き、対象にかかわらず物理的に人が生命活動を終えることについては、「死去」あるいは「死」・「死亡」と表記した。

二　研究史の整理と本書の目的

死は、人生の終着点であり、人間である以上何びとも回避できない出来事であるがゆえに、これまでも多方面からの学問的アプローチがなされてきた。木村尚三郎編『生と死』[9]などは複数分野の学問から総合的に生と死に迫った仕事であり、このテーマがいかに幅広い領域にまたがる課題であるかを象徴している。日本史研究の分野でも、古代史から近現代史までの各分野において死に関わる諸問題——埋葬、葬儀、穢、服喪、自死、殉死、衛生、死後の顕彰などに従来から取り組まれてきた。直近（二〇一五年五月末現在）で発表された成果としては、島薗進・高埜利彦・林淳・若尾政希編『生と死（シリーズ日本人と宗教）』（春秋社、二〇一五年）[10]が主に思想史的な観点から日本近世・近代の死生観の解明を試みている。

そうした死をめぐる分厚い研究史の中で、本書で分析の対象とする国葬は、国家によって行われる追悼・慰霊行為であり、権力が形づくる葬儀と位置づけられる。したがって、国葬の実施・成立過程を検証することは、必然的に権力・政治による個人の死への介入を考察することと同義になる。そこでは、一般の人びとの日常に横たわっている死[11]とは性格を異にする非日常的な空間が創出される。

こうした権力と死の関係性について、日本近世史研究においては、林由紀子『近世服忌令の研究』[12]、中川学『近世の死と政治文化』[13]、佐藤麻里「将軍の死と「自粛」する江戸社会」[14]などの充実した研究が存在する。これらの先学は、将軍や天皇といった権力者・権威者の死をめぐる問題に焦点を当てながら、近世社会の特質をあばき出そうとするものである。最近では、死者と生者が協同で織りなす歴史として日本近世史を描いた、深谷克己『死者のはたらきと江戸時代』[15]が権力と死の関係にも言及している。

他方で、日本近代史研究の分野に目を向けると、国家と死の問題に関して大きな関心を集めているのは、天皇・皇后・皇太后の葬儀＝大喪儀である。大喪儀が特に研究テーマとして選択されてきたのは、近代国民国家の形成過程における重要な国家的イベントの一つとみなされているがゆえであろう。[16]具体的な研究としては、笹川紀勝『天皇の葬儀』[17]が、憲法学的な見地から大喪儀の法制度史の通史的叙述を行ったほか、田中伸尚『大正天皇の大喪』[18]は、大喪儀を国民統合のための装置と明確に位置づけた。また、中島三千男らによって大喪儀は、植民地経営・帝国の形成に多大な役割を果たしたことが指摘されている。[19]大喪儀に関しては、ある程度の研究蓄積があり、主に国民国家を論ずる枠組みの中で議論がなされてきたといえる。これらに加えて、藤田大誠「青山葬場殿から明治神宮外苑へ[20]」のような個別研究も現れてきた。

一方で、「国家ニ偉勲アル者」の葬儀の研究には、ここ数年でようやく着手されたばかりである。西洋史の分野では、その重要性が認識され、特に王権の表象や人物の顕彰を視野に入れた検討が行われてきたのに対して、[21]日本史分野で関心がもたれるようになったのはつい最近のことといってよい。著者も、二〇一〇年に一八七八年（明治十一）に国葬に准ずるかたちで実施された大久保利通の葬儀について、「大久保利通の葬儀に関する基礎的考察[22]」を発表したことがある（本書の第三章はこれを改稿したものである)。

とりわけ、ここで把握しておくべき成果としては、研谷紀夫「鍋島直正の葬儀と国葬の成立に関する基礎的研究」[23]がある。この論文は、旧佐賀藩主鍋島直正の葬儀を中心として、明治前期における葬儀の様式の変遷などを緻密に検討したものである。研谷は、別稿「公葬のメディア表象の形成と共同体におけるその受容と継承」[24]において、伊藤博文のケースを取り上げ、国葬とメディアの関係に焦点を絞った分析も行った。これにつづいて、前田修輔が日本の最初の国葬とされる岩倉の葬儀についての実態解明を試みているところであり、今後の成果が期待される。[25]これらのほかに、国葬を主題に掲げたものではないが、新城道彦『天皇の韓国併合』[26]やNHK取材班編著『朝鮮王朝「儀軌」百年の流転』による、一九一九年(大正八)に朝鮮で執行された徳寿宮李太王熙(高宗)の国葬についての「高宗の葬儀を「国葬」とすることで、朝鮮民衆に李王家を丁重に扱っていることをアピールしようという狙いがあった」との言及は、示唆に富む。[27]これは、朝鮮民衆の懐柔を図る日本側の目論みが国葬に込められていたことを明確に指摘したものである。国葬は、単なる追悼行事ではなく、その背景には政治的意図がみえ隠れすることをこの一文は端的に表している。

また、国葬以外の公葬を扱った先行研究としては、一九二二年に行われた大隈重信の国民葬の執行過程を検討した荒船俊太郎「大隈重信陞爵・国葬問題をめぐる政治過程」[28]がある。国民葬とは国民の名によって、国費を一部使用して行われる葬儀のことで、日本史上では大隈と佐藤栄作の二名のみが被葬者となっている。荒船は、普選運動の高揚期であった当該期に、国民を巻き込んで行われる国民葬を執行したことで、国民への政治参加を示唆したと述べている。国葬の完成まで（後述するように著者はこれを一八九一年の三條実美の葬儀におく）を追おうとする本書の対象時期を越えてしまうが、国葬が認められず、国民葬にされた大隈の事例は興味深い。「特旨」により「賜わる」かたちを採る国葬と、国民の名によって行われる国民葬には大きな差異があったことがわかる事例である。このほかにも、個別の葬儀には、松平春嶽の葬儀関係史料を紹介した角鹿尚計「松平春嶽の薨去と葬儀」(29)や個人の伝記類にて言及されている。

以上のように、国葬の成立過程は近世近代移行期における政治と「功臣」の死のあり方、さらには近代国家形成期の権力の性質を捉える上で重要な研究テーマであるにもかかわらず、従来必ずしも十分に論じられてこなかった。国葬の研究は、近年ようやく緒についたところであり、現段階では個別の葬儀を対象とした分析にとどまっている。明治初年の「功臣」の死に対する処遇から、国葬が成立・完成にいたるまでの体系的な整理はこれまで行われていない。

そこで、本書では明治初年を起点として国葬が完成するまでの実態を実証的にまとめることを第一の目的とする。行論に当たっての視点は、国葬を用意した政府の立場におく。民衆がこの一大国家イベントにいかに向き合ったかということが重要な問題であることは認識しているが、現在の研究状況を鑑みて、まずは政府がどのような意味を国葬に託したのかということを解析することが肝要だと考えるためである。活用する史料は、主に国立公文書館が所蔵する国葬関係の公文書類である。[30]国葬を執行するための組織は、内閣のもとに設置されたため国立公文書館に核となる資料が伝来している。右の史料群を他館が所蔵する公文書[31]や個人文書、新聞などの周辺史料によって補ってゆくことにする。

分析に当たっては、「功臣」の死の「私」から「公」への変遷に着目する。本書では「私」と「公」の境界は、葬儀を執行する主体によって区別している。明治期以降、「功臣」の葬儀は、「家」として営まれる「私」の葬儀から行政体、特に国葬の場合は国家が主催して行う「公」の儀式へと変貌を遂げてゆく。それと併行して、近代国家は特定の「功臣」の死に政治的なねらいをもって積極的に介入してゆくようになる。本書では、この変遷を個別の事例検証を交えつつ一貫して明らかにしていきたい。

また、国葬が成立し、完成していく過程とはすなわち、天皇の名のもとに政府が「功臣」の死を装飾し、演出していく軌跡である。国葬が、天皇から「賜る」＝「恩賜《おんし》」という形式を採用している以上、この点も欠くことができない論点となる。国葬を含む天皇から死去した「功臣」への「恩賜」にも本書を通じて注目したい。

三　本書の構成

本書は全八章からなる。本書の目的と視座は前述の通りであるが、本論に入る前に各章の位置づけを簡単に確認しておきたい。

第一章では、明治初期の政府要人の死にともなう「恩賜」について分析する。明治新政府は成立後間もない時期から死亡した「功臣」・遺族に対し、祭粢料の下賜、勅使の差遣、贈位・贈官などを天皇の名をもって行っている。本論の冒頭となる第一章にて明治初年から国葬に准じて行われた大久保利通の葬儀以前の「恩賜」のありようを把握しておきたい。

第二章では、手厚い「恩賜」が施された例として確認できる広沢真臣の死とその周辺を具体的に分析する。周知の通り、広沢は政府の要職（参議）在官中に暗殺されている。不慮の死を遂げた広沢の葬儀は、それまでとは一線を画す「恩賜」が施された画期となる出来事となった。本章では、広沢の葬儀の例に見出せる葬列のパレード化に関しても、近世との比較を行いながら言及したい。

第三章では、国葬に准ずる規模・体裁をもって催されたとされる大久保利通の葬儀に焦点を当てる。検討に当たっては、葬儀の行程だけではなく、その背景にある政治・社会状況にも留意しつつ、大久保の葬儀が未曾有の規模で行われた要因を解明する。結論だけ先に言えば、大久保の葬儀には哀悼の意のみならず、反政府勢力に対する強力な政治的メッセージが込められていたと考える。

第四章では、「功臣」の葬儀の比較対象として、皇族の待遇をもって葬られた静寛院宮（和宮、親子内親王）の葬儀の執行過程を具体的に追った。大久保をはじめ「功臣」の葬儀が、皇族としての葬儀が営まれた静寛院宮のそれと比較していかなる規模・意味をもつのか浮かび上がらせたい。

第五章では、日本における国葬の最初とされる岩倉具視の葬儀について制度面・執行過程から考察する。岩倉の葬儀がなぜ国葬の最初と定義されるのか、西洋から輸入された儀式である国葬が日本においていかに準備されたのか、掘り下げて分析してみたい。

第六章では、三條実美の国葬を検証する。本書では、分析の結果として岩倉の葬儀を国葬の成立、三條の葬儀を国葬の完成と定義するにいたることになる。本章では岩倉の葬儀と比較しつつ、三條の葬儀を国葬の完成とする意味を明確にしたい。加えて、三條や岩倉は死後に宮内省によって事蹟の編修事業が進められ、それは『岩倉公実記』や『三條実美公年譜』というかたちで結実した。本章では、死後の処遇という観点からこの問題にも論及した。

第七章では、葬儀・追悼ののちに、個人の死をさらに潤色した神道碑《しんどう》の製作を取り上げた。「功臣」たちの死は、葬儀という一過性の儀式、一次的な空間だけでは完結せず、半永久的に顕彰を継続するため天皇の命により碑文が編まれ、それを刻んだ巨大な銅碑が建築・下賜されている。これも、「功臣」の死にともなって与えられた「恩賜」の一部であり、国葬と深い関わりがある課題とみなすことができる。

第八章では、国葬にとどまらず、各地に公葬が拡大していった例として、千葉県印旛《いんば》郡佐倉《さくら》町を中心に実施された旧佐倉藩主堀田正倫《まさとも》の葬儀を検討した。公葬が行われる前提条件として、正倫の廃藩後の地域での立場・役割を確認した上で、町ぐるみで行われた葬儀の実態を明らかにした。

本書全体を通じて、「国家ニ偉勲アル者」＝「功臣」とされる政府要人の葬儀が、個人・家としてではなく天皇の名のもと政府の主導で行われるようになる過程をひもとき、日本において国葬が完成するまでの道のりを解き明かしたい。

註

（1）『国史大辞典』の大久保利謙執筆「国葬」の項目。

（2）『法令全書』大正十五年十月二十一日勅令第三二四号。参考に全文（上諭・御名御璽・大臣副署を除く）を掲げておく。

第一条　大喪儀ハ国葬トス

第二条　皇太子、皇太子妃、皇太孫、皇太孫妃及摂政タル親王、内親王、王、女王ノ喪儀ハ国葬トス、但シ皇太子、皇太孫、七歳未満ノ殤ナルトキハ此ノ限ニ在ラス

第三条　国家ニ偉勲アル者薨去又ハ死亡シタルトキハ、特旨ニ依リ国葬ヲ賜フコトアルヘシ

前項ノ特旨ハ勅書ヲ以テシ内閣総理大臣之ヲ公告ス

第四条　皇族ニ非サル者国葬ノ場合ニ於テハ、喪儀ヲ行フ当日廃朝シ、国民喪ヲ服ス

第五条　皇族ニ非サル者国葬ノ場合ニ於テハ、喪儀ノ式ハ内閣総理大臣勅裁ヲ経テ之ヲ定ム

なお、当該期における皇室制度の整備については、西川誠「大正後期皇室制度整備と宮内省」(『年報近代日本研究』二〇、一九九八年)に詳しい。
(3) 昭和二十二年法律第七二号。
(4) 昭和二十一年十一月一日内務文部次官通牒発宗第五一号。
(5) たとえば、二〇〇九年の渋川市長木暮治一や二〇一二年の元川口市長永瀬洋治の市葬などがあげられる。
(6) 茨木市名誉市民表彰条例(昭和四十三年十一月一日茨木市条例第三十二号)の第四条では名誉市民に「市公葬の礼」の待遇を与えることができるとされている。
(7) 中川学『近世の死と政治文化——鳴物停止と穢——』(吉川弘文館、二〇〇九年)。
(8) 「単行書・官符原案」原本・第三(国立公文書館蔵、請求番号本館—二A—〇三三—〇五・単〇〇二一三一〇〇)。なお、国立公文書館所蔵史料の請求番号は、紙媒体の目録とネットワーク上の検索システムで表記が異なるものが存在するが、そうした場合はネットワーク上の記載を採用した。
(9) 木村尚三郎編『生と死』Ⅰ・Ⅱ(東京大学出版会、一九八三・一九八四年)。
(10) 島薗進・高埜利彦・林淳・若尾政希編『生と死(シリーズ日本人と宗教)』(春秋社、二〇一五年)。
(11) 本書では言及できないが、こうした問題へのアプローチを試みた日本近代史の研究として、石居人也「明治初年の〈衛生〉言説——火葬禁止論争をめぐって——」(『歴史学研究』八二八、二〇〇七年)などがある。
(12) 林由紀子『近世服忌令の研究——幕藩制国家の喪と穢——』(清文堂出版、一九九八年)。
(13) 前掲註(7)中川『近世の死と政治』。
(14) 佐藤麻里「将軍の死と『自粛』する江戸社会——都市江戸の鳴物停止・商売停止について——」

（東京学芸大学『学校教育学研究論集』二四、二〇一一年）。
（15）深谷克己『死者のはたらきと江戸時代――遺訓・家訓・辞世――』（吉川弘文館、二〇一四年）。
（16）T・フジタニ著・米山リサ訳『天皇のページェント――近代日本の歴史民族誌から――』（日本放送出版協会、一九九四年）。
（17）笹川紀勝『天皇の葬儀』（新教出版社、一九八八年）。
（18）田中伸尚『大正天皇の大葬――国家行事の周辺で――』（第三書館、一九八八年）。
（19）中島三千男『天皇の代替りと国民』（青木書店、一九九〇年）、中島三千男「明治天皇の大喪と帝国の形成」（網野善彦ほか編『岩波講座天皇と王権を考える第五巻　王権と儀礼』岩波書店、二〇〇二年）、小園優子・中島三千男「近代の皇室儀式における英照皇太后大喪の位置と国民統合」（神奈川大学人文学会『人文研究』一五七、二〇〇五年）、中島三千男「明治天皇の大喪と台湾――代替わり儀式と帝国の形成――」（『歴史と民俗』二一、二〇〇五年）。
（20）藤田大誠「青山葬場殿から明治神宮外苑へ――明治天皇大喪儀の空間的意義――」（『明治聖徳記念学会紀要』四九、二〇一二年）。
（21）David Cannadine. ‘The Context, Performance and Meaning of Ritual : The Britidh Monarchey and the Invention of Tradition’, “The Invention of Tradition”, Cambridge University Press , 1983、中村武司「ネルソンの国葬――セントポール大聖堂における軍人のコメモレイション――」（『史林』九一―一、二〇〇八年）など。
（22）宮間純一「大久保利通の葬儀に関する基礎的考察――国葬成立の前史として――」（『風俗史学』四一、二〇一〇年）。
（23）研谷紀夫「鍋島直正の葬儀と国葬の成立に関する基礎的研究」（『鍋島報效会助成研究報告書』五、財団法人鍋島報效会、二〇一一年）。
（24）研谷紀夫「公葬のメディア表象の形成と共同体におけるその受容と継承――伊藤博文の国葬に

おける新聞・雑誌・絵葉書・写真帖を中心に――」(『共立女子大学文芸学部紀要』五八、二〇一二年)。

(25) 前田修輔「岩倉具視の葬儀にみる国葬の形成」(二〇一四年度九州史学研究会大会口頭発表)。なお、著者は当日参加できず、レジュメを報告者からご恵贈いただいた。

(26) 新城道彦『天皇の韓国併合――王公族の創設と帝国の葛藤――』(法政大学出版会、二〇一一年)の第三章・第四章。

(27) NHK取材班編著『朝鮮王朝「儀軌」百年の流転』(NHK出版、二〇一一年)の第三章。

(28) 荒船俊太郎「大隈重信陞爵・国葬問題をめぐる政治過程」(『早稲田大学史紀要』三八、二〇〇八年)。なお、荒船が栄典制度に関する研究史にも言及している通り、かかる文脈の中でも国葬の制度は分析される余地がある。本書では、そのような視点に重心を置かなかったが、今後の課題の一つとしてふれておきたい。

(29) 角鹿尚計「松平春獄の薨去と葬儀――関係史料の紹介を中心に――」(『福井市立郷土歴史博物館研究紀要』一五、二〇〇八年)。

(30) 国立公文書館の検索目録の階層検索にて、「行政文書↓*内閣・総理府↓太政官・内閣関係↓第十類　国葬等に関する文書」に分類される文書群。同文書群は、内閣・総理府から一九七一年度に移管されたもの。同館による解説では「大久保利通,岩倉具視,島津久光,三条実美など二三人(明治一〇人,大正八人,昭和五人)の国葬及び国葬に準ずる葬儀関係文書を各人別に編集したもの。(昭和二十一年以降は,『故吉田茂国葬儀記録』(正・副)のみ。)」とある。

(31) 臣下の国葬に関する公文書は、国立公文書館のほかに宮内庁宮内公文書館にも伝来している。それらは、被葬者の死亡直前の急電類、国立公文書館本の写本、宮内省内匠寮に集積した建造物の関係書類に大別される。

第一章　明治初期における政府要人の死と「恩賜」

はじめに

明治期以降、政府要人が死亡した際には天皇・皇后・皇太后から死亡者の家へ金員が下賜されたり、弔問使が差遣されたりすることがあった。ほかにも神饌《しんせん》（神前に供える食物）や幣帛《へいはく》（神前に供える神饌以外のもの）などの「恩賜《おんし》」があるケースや、位階や誄《るい》が贈られる場合など皇室から故人への弔意を示すさまざまな事柄が史料上散見される。これらは、皇室が臣下の死に対して哀悼を表明する行為として位置づけられるものであり、個人の死に特別な意味を付与するものであった。

序章でも述べたように、国葬の成立過程を検討する上で天皇と個人の死の関係性を検討することは欠かせない。日本における国葬は、天皇から「特旨《とくし》」をもって「賜わる」というかたちを採るものであり、広義には「恩賜」に含まれるものとみなすことができる。恩賜に関しては、古くは渡邊幾治郎『皇室と社会問題』[1]が分類・解説を行っており、本格的な研究としては、遠藤興一による「天皇制慈恵主義」の観点から行われた仕事がある。[2]最近では、宮内庁宮内公文書館が所蔵する恩賜の記録を活用した川田敬一の実証的な考察も注目される。[3]しかしながら、問題設定上当然とはいえ、先行研究では死をめぐる恩賜の問題——祭粢料《さいしりょう》、贈官、国葬などの諸問題について研究が尽くされたとは言い難い状況にある。

本章では、個別の葬儀を検討する前に明治初年から実質的な国葬の初例とされる大久保利通の葬儀が営まれた一八七八年（明治十一）五月十七日までの間において、国家の機能として公の立場から天皇が政府要人の死にいかに関与するようになったのか、具体的な事項をとりあげながら考察したい。

なお、本章において「政府要人」とは政府の主要官職の経験者と定義し、（1）から（6）のいずれかに該当する人物と一応の範囲を定めて議論を進めることとする。（1）から（6）の番号は、表1中の「略歴」欄と対応する。

（1）三職（総裁・議定・参与、慶応三年〈一八六七〉十二月九日—慶応四年閏四月二十一日）経験者。

（2）三職七科制（慶応四年正月十七日—同年二月三日）での、七科（神祇・内国・外国・海軍・会計・刑法・制度寮）の総督・掛経験者。

（3）三職八局制（慶応四年二月三日―同年閏四月二十一日）での、総裁局の輔弼・顧問・弁事およびほか七局（神祇・内国・外国・軍防・会計・刑法・制度）の督・輔・権輔・判事経験者。

（4）太政官制A（慶応四年閏四月二十一日―明治二年七月八日）での議政官上局の議定・参与および下局議長、行政官輔相・弁事ほか六官（神祇・会計・軍務・外国・刑法・民部）の知事・副知事・判事経験者。

（5）太政官制B（明治二年七月八日―明治四年七月二十九日）での神祇官の伯・大副・少副・大祐、太政官の右大臣・大納言・参議、七省（民部・大蔵・兵部・刑部・宮内・外務・工部）の卿・大輔・少輔・大丞経験者。

（6）太政官制C（明治四年七月二十九日―一八八五年十二月二十二日）での太政大臣・左大臣・右大臣・内閣顧問・参議、ほか一二省（内務・外務・大蔵・陸軍・海軍・司法・文部・農商務・工部・宮内・神祇・教部）の卿・大輔経験者（ただし、一八七八年五月十七日まで）。

（7）開拓使長官・次官、公議所議長・副議長、集議院上局の長官・次官、下局の次官、侍読・侍講経験者。

一　祭粢料の下賜

まず、祭粢料の下賜についてみていこう。祭粢料とは、神前に供えられる金員のことで、天皇や皇后などから「御供物料として下賜せられる」いわば香奠のようなものであり、「勅任官の場合は幣帛を下賜あらせらる」[4]とされる。祭粢料のほかに、物品が下賜されることもあった。このような、故人・遺族に対する祭粢料などの下賜は、天皇が臣下の死に接し、哀悼の意を示すための営為であったといえる。金品の下賜は、回忌法要・霊祭の際に行われることもあったが、ここでは死亡直後に実施されたケースのみをとりあげる。

表1は、本章で定義する政府要人のうち慶応四年（一八六八）から大久保利通が死亡した一八七八年（明治十一）五月までの間に死去した人物を抽出し、祭粢料・神饌などの下賜、勅使の差遣、贈位・贈官の有無を一覧化したものである。

はじめに、この表のうち死亡した臣下に対する祭粢料・神饌などの下賜に注目して表1をみると、政府要人の死亡時には判明するだけでも多くのケースについて金品が下されていたことがわかる。表に現れていない最初期のケースとしては、鷹司政通《たかつかさまさみち》の例が確認される。鷹司は、明治政府での要職経験があるわけではないが、朝廷において関白などを歴任し、明治元年十月二十三日に死亡した際には「御哀憫之余、以出格之思召」、金五〇〇両が下賜された。[5]

ほかに、最も早い段階のものとしては、戊辰内乱の最中に死亡した「官軍」の人物への祭粢料・「祭粢禄（米）」の下賜がある。具体的には、総督・参謀・軍監級の高倉永祜《ながさち》（奥羽征討越後口総督）・牧野茂敬《しげよし》（小笠原唯八、東征大総督府軍監）・世良修蔵（奥羽鎮撫総督府下参謀）・中井範五郎《はんごろう》（東征大総督府軍監）・上田楠次《くすじ》（同上）および明治元年九月十四日に箱館で戦死した駒井政五郎・斉藤順三郎や、元は新政府軍の案内役などを務めていたが自藩が奥羽列藩同盟に参加したことで自刃を余儀なくされた三好監物《けんもつ》（仙台藩士）・吉田守隆（天童藩士）への下賜が史料上みられる。(6)

表1　慶応三年十二月九日―一八七八年五月十四日　政府要職経験者・死亡状況

氏名	死亡日	死因	死亡時の官職等	位階	略歴	贈位・贈官	祭粢料・神饌など	勅使	出身	備考
高倉永祜	慶応4・7・29	病死	奥羽征討越後口総督	従三位	(1)参与	参議・正三位	○	―	京都	越後高田の陣営から京都へ運び、埋葬
聖護院宮嘉言	慶応4・8・11	病死	―	二品	(1)議定、(2)内国事務総督	―	―	―	京都	事務多端のため、廃朝せず
井上石見	慶応4・8・?	遭難	箱館府判事	従五位下	(1)参与、(3)内国事務局判事	―	○	―	鹿児島	
横井平四郎	明治2・1・5	暗殺	参与	従四位下	(1)参与、(3)制度事務局判事、(4)参与	―	○	○	熊本	熊本藩主細川韶邦に命じて、「厚く平四郎を葬らし」む
六人部是愛	明治2・1・9	病死	―	―	(2)神祇事務掛	―	―	―	京都	
堤哲長	明治2・3・14	病死	―	―	(1)参与、(2)制度事務局権輔	―	―	―	京都	

桜井元憲	明治2・5・10	病死	―	―	(1)参与	―	―	―	広島	
土肥典膳	明治2・8・13	病死	―	―	(1)参与、(3)軍防事務局判事	―	―	―	岡山	
大村永敏	明治2・11・5	暗殺	兵部大輔	従四位	(3)軍防事務局判事、(4)軍務官判事、同副知事、(5)兵部大輔	従三位	○	○	山口	
小松帯刀	明治3・7・20	病死	―	従四位	(1)参与、(2)外国事務掛、(3)総裁局顧問、外国事務局判事、(4)参与、外国官副知事	―	―	―	鹿児島	賞典録を子安千代へ付与
広沢真臣	明治4・1・9	暗殺	参議	正四位	(1)参与、(2)内国事務掛、海陸軍務掛、(3)内国事務局判事、(4)参与、民部官副知事、(5)参議、民部大輔	正三位	○	○	山口	
鍋島直正	明治4・1・18	病死	麝香間祇候	従二位	(1)議定、(3)軍防事務局輔、制度事務局輔、(4)議定、(5)大納言、(7)開拓使長官	正二位	○	○	佐賀	
田宮如雲	明治4・4・19	病死	―	―	(1)参与、(2)内国事務掛、(3)内国事務局判事	―	―	―	名古屋	

愛宕通旭	明治4・12・3	自殺	―	従四位（褫奪）	（1）参与	―	―	―	京都	政府転覆計画の露顕により、自刃を命ぜられる
玉松操	明治5・2・15	病死	―	従五位下	（7）侍読	―	―	―	京都	
溝口孤雲	明治5・3・13	病死	―	―	（1）参与、（2）刑法事務掛、（3）刑法事務局判事	―	―	―	熊本	
小原忠寛	明治5・4・15	病死	―	正六位	（1）参与、（2）会計事務掛、（3）会計事務局判事、（4）会計官判事	―	―	―	岐阜	
山内豊信	明治5・6・21	病死	麝香間祗候	正二位	（1）議定、（2）内国事務総督、（4）議定	従一位	○	○	高知	
門脇重綾	明治5・8・3	病死	教部大丞	正五位	（4）弁事、（6）神祇大祐、神祇少副	―	○	―	鳥取	
橋本実陳	1873・3・8	病死	―	従五位上	（1）参与、（3）弁事	―	―	―	京都	
照幡寛胤	1873・5・4	病死	―	―	（7）衆議院上局次官	―	―	―	熊本	
野村盛秀	1873・5・21	病死	埼玉県令	従五位下	（4）外国官判事	―	―	―	鹿児島	
近衛忠房	1873・7・16	病死	麝香間祗候	正二位	（1）議定、（2）神祇事務総督、（3）刑法事務局督、（4）神祇官知事、（5）神祇大副	―	○	―	京都	
烏丸光徳	1873・8・15	病死	―	従三位	（1）参与、（2）軍防事務局権輔、（4）弁事、（5）宮内大輔	―	―	―	京都	

沢宣嘉	1873・9・27	病死	露国駐在特命全権公使	従三位	(1)参与、(2)外国事務総督、(4)参与、外国官知事、(5)外務卿	正三位	○	○	京都	
土倉正彦	1874・4・10	病死	—	—	(1)参与、(2)海陸軍務掛、(3)刑法事務局判事	—	—	—	岡山	
江藤新平	1874・4・13	刑死	—	正四位（褫奪）	(4)会計官判事、(6)参議、司法卿、文部大輔	—	—	—	佐賀	佐賀の乱の罪で死罪
久世通熙	1875・11・6	病死	—	従二位	(4)弁事	—	—	—	京都	
華頂宮博経	1876・5・24	病死	海軍少将	—	(1)議定、(2)会計事務総督	—	○	○	京都	
植松雅言	1876・6・30	病死	—	従三位	(1)参与	—	—	—	京都	
前原一誠	1876・12・3	刑死	—	従四位（褫奪）	(5)参議、兵部大輔	—	—	—	山口	萩の乱の罪で死罪
木戸孝允	1877・5・26	病死	内閣顧問	従三位	(1)参与、(2)外国事務掛、(3)総裁局顧問、(4)参与、(5)参議、(6)参議、内閣顧問、文部卿、内務卿	正二位	○	○	山口	
池田慶徳	1877・8・2	病死	麝香間祗候	従二位	(4)議定	正二位	○	○	鳥取	儀仗兵：一大隊
大原重実	1877・9・6	殺害	外務少書記官	正四位	(4)弁事、(7)公議所議長	—	○	—	京都	自宅にて強盗に殺害される
西郷隆盛	1877・9・24	自殺	—	正三位（褫奪）	(1)参与、(2)海陸軍務掛、(4)参与、(6)参議	—	—	—	鹿児島	西南戦争にて反乱軍の首領として死亡

中根雪江	1877・10・3	病死	―	―	(1)参与、(2)内国事務掛、(3)内国事務局判事	―	―	―	福井	
北島秀朝	1877・10・10	病死	長崎県令	従五位	(4)会計官判事	―	○	―	栃木	
松尾相永	1877・12・?	病死	―	従六位	(1)参与、(3)弁事	―	○	―	京都	
丹羽賢	1878・3・20	病死	―	従五位	(1)参与、(4)弁事	―	○	―	名古屋	
大久保利通	1878・5・14	暗殺	参議兼内務卿	正三位	(1)参与、(2)内国事務掛、(3)総裁局顧問、内国事務局判事、(4)参与、(5)参議、(6)参議、大蔵卿、内務卿	右大臣・正二位	○	○	鹿児島	
中川元績	不明	病死	―	―	(1)参与、(3)内国事務局判事	―	―	―	京都	
松室重進	不明	病死	―	―	(1)参与、(2)制度事務局判事	―	―	―	京都	
長谷川景隆	不明	病死	―	―	(1)参与、(3)内国事務局判事、(4)軍務官判事	―	―	―	熊本	

※1　慶応三年十二月九日から一八七八年五月十四日紀尾井事件以前の死亡者を対象とする。一覧に載せた人物の基準は、（1）から（6）のいずれかに該当する者。（1）から（6）の番号は、表中「略歴」欄と対応する。

※2　死亡日は、明治五年十二月三日の改暦以前は旧暦、以降はグレゴリオ暦に基づいた日付を記した。

※3　位階を返上・辞退した人物も存在するが、表中には生前に授与された最高位を記した。なお、位階制は明治二年七月八日制定の職員令（『法令全書』明治二年、第六二二）によって、各位階の上下が廃止されるなどの改正が行われたが、職員令制定以前に授与さ

れた位階のみが判明する（あるいは制定以前に死亡した）人物はその位階を記した。

※4　贈位・贈官は、死亡から葬儀直後の間に贈られたものに限り、のちに追贈されたものを除く。祭粢料についても原則同様であるが、戊辰内乱の最中死亡し、平定後に下賜された高倉永祜については例外とした。

※5　死因欄の「病死」には、自然死も含む。

※6　「太政類典」・「公文録」（国立公文書館蔵）、「大日本維新史料稿本」（マイクロフィルム版）、「恩賜録」明治三～十一年（宮内庁宮内公文書館蔵）、宮内庁編『明治天皇紀』第一～四（吉川弘文館、一九六八～一九七〇年）、日本史籍協会編『百官履歴』一・二（覆刻版、東京大学出版会、一九七三年）、『贈位諸賢伝』上・下（覆刻版、近藤出版社、一九七五年）、大植四郎編著『新訂版　明治過去帳』（東京美術、一九八八年）、『明治史要』（覆刻版、東京大学出版会、一九八八年）のほか、各人物の伝記・評伝・履歴書類から作成。

戊辰内乱関係以外の事例を探すと、政府の高官ではなくとも現役の官吏が病気などの理由で死亡した場合には、早い時期から下賜金があったことがわかる。たとえば、明治二年四月の刑法官雇士高松大蔵の死亡時における「営葬料」、同年五月の軍務官雇士坂根格次郎への「祭奠料」、同年八月刑部省史生和田松太郎が公務での出張中に病死した際の「営葬料」などがある。(7)これらの場合には、祭粢料という名称が用いられず、文書上は営葬料や祭奠料などの名称で表記されている。また、この時点では下賜される金額は一定しておらず、その都度死亡した官吏の所属省から太政官へ伺いが出されて金額が検討された。右の和田松太郎のケースでは、和田が所属していた刑部省からの伺いを受けて太政官が月給の三か月分を下賜することを決定している。(8)祭粢料と営葬料の明確な差異化は困難だが、営葬料を文字通りに解釈すれば故人を葬送するための手当・費用としての意味合いも強いと推定できよう。

つづいて、祭粢料あるいは「祭粢金」と明記された金員が下賜された事例を各種史料から拾い上げていくと、右に類似した現役官吏の殉職・遭難の例が圧倒的に多いことに気づかされる。表2は、その中から祭粢料の金額設定の基準が太政官の内規[9]で策定された明治五年八月までをまとめたものである。職務に関連して死亡した例がほとんどであり、これらは殉職・遭難したことによる「死亡手当」としての意味を有する下賜金と考えられる。

表2　臣下への祭粢料ほか下賜状況（明治五年八月まで）

氏名	下賜	死亡時	死因・略歴等	額	理由
井上石見	慶応4・8・?	箱館府判事	神職、参与、遭難	800両	不慨に思食されるため
横井小楠	明治2・1・6	参与	熊本藩士、制度事務局判事、暗殺	300両	不慨に思食されるため
大村益次郎	明治2・11・13	兵部大輔	軍防事務局判事、軍務官判事、暗殺	300両	深く宸悼のため
大塚政徳	明治3・3・?	中野県権大属	中野県権大属、中野騒動の渦中で惨殺	200両	在職中惨殺のため
横山正太郎	明治3・8・8	鹿児島藩士	集議院の門に意見書を掲げて屠腹	100両	所為は誤解に出づるものありと雖も、真に是れ憂国の至誠に出たるものと為すため
半田九郎	明治3・8・12	徳島藩士	稲田騒動の渦中で屠腹	200両	騒動を収めようと尽力したため
下条勘兵衛	明治3・8・12	徳島藩士	稲田騒動の渦中で屠腹	200両	騒動を収めようと尽力したため
青木邦彦	明治3・9・10	大典医	行幸供奉中、自然災害により死亡	100両	死を憐れむため

吉田庫吉	明治3・12・25	村松藩士	犯人拿捕の際傷を負い落命	100両	職務遂行上、落命のため
広沢真臣	明治4・1・9	参議	参与、民部大輔など、暗殺	3000両	大功、深悼のため
木村新八郎	明治4・4・4	江刺県権大属	出張中に暗殺	150両	服務中逢害のため
榊景光	明治4・7	開拓使権少主典	服務中に溺死・水死	80両	服務中死亡のため
三浦湊造	明治4・7	開拓使等外附属	服務中に溺死・水死	35両	服務中死亡のため
鞍県寅吉	明治4・8・25	津山県権大参事	凶徒により暗殺	70両	功労を賞し、不慮の害に遭へるを愍むため
白洲文吾	明治4・12・26	生野県権少属	生野暴動により死亡	150円	服務中死亡のため
山本源吾	明治4・12・26	生野県捕亡吏	生野暴動により死亡	50円	服務中死亡のため
門脇重綾	明治5・8・9	教部大丞	総裁局弁事、神祇大祐	500円	御一新以来奉職勉励のため
川上澣	明治5・8・10	権大主記	在職中死亡	100円	奉職中勉励のため

※「太政類典」、「公文録」、「職務進退・追賞抄録」(国立公文書館蔵)、「大日本維新史料稿本」、『明治天皇紀』第一・二から作成。死亡直後に下賜された例に限定し、のちに追賞した者は含まない。

明治五年八月に太政官で制定された現役官吏死亡時の祭粢料下賜の内規では、「御一新以来引続奉職勉励之輩」や「格別功労有之候者」などが在官中に死去した際の基準が次のように示されている。すなわち、太政大臣：一六〇〇円、左右大臣：一二〇〇円、一等官：一〇〇〇円、二等官：七〇〇円、三等官：七〇〇円、四等官：五〇〇円、五等官：四〇〇円、以下、等外吏四等：十二円までが規定された。木戸孝允や大久保利通といった特別に高額であった例外を除き、内規の制定以後は若干の流動性が認められるもののある程度金額が安定化し、おおむねこれを基準とした祭粢料の下賜が行われている。

内規が策定された直近の例として教部大丞門脇重綾《しげあや》の死亡例がある。明治五年八月九日、門脇の死に対して祭粢料五〇〇円の下賜を決定した際の手続きは以下のように進められている。まず、門脇が所属していた教部省が同人の経歴を調査。その結果作成された履歴書を添えて、教部卿・同大輔・同少輔の連名で太政官正院へ「特典ノ　御沙汰」があるように上申があった。それを受けた正院が祭粢料の下賜を決定し、(10)大蔵省に金額を通知して実行に移された。(11)門脇の例にみられるように同時点においては、現役の官吏が死亡した際には、名目上は天皇から贈られた祭粢料であることが示唆されつつも、実質的な決裁は太政官内でなされていた。

だが、太政官において「公文奏上程式」(12)が定められた一八七七年九月七日以後は、門脇と同種の案件について文書処理上は太政官での決裁を経たのちに天皇の裁可を受けている。たとえば、元老院議官松岡時敏《ときとし》が死亡した際には、一八七七年十一月七日付けで元老院議長有栖川宮熾仁親王から太政大臣三條実美へ祭粢料の下賜が上申され、大臣・参議の検印を経たのちに天皇に奏聞。天皇の裁可を示す「聞」字印が文書に鈐《けん》（押印）されている。(13)

在官中に死亡した人物への祭粢料の下賜は、以降もほぼ同様の過程を経て実施されていたが、一八八四年一月四日に太政官から各省院庁府県へ「文武官員死去ノ際祭粢料ヲ下賜スルハ特典ニ出ルノ義ニ付、特別ノ功労アル者ニ非レハ具申セサル義ト可心得」と内達があったことにより大きく変わった。[14] この内達は、官吏恩給令[15]の制定にともなって、死亡した現役官吏の遺族への恩給・扶助制度が整えられたことに合わせて出されたものである。のちに、「祭粢料ノ義国家ニ大勲労アル者ニ限リ、臨時御手許ヨリ下賜アラセラル、コトニ御決裁」したことで、「祭粢料ノ儀ハ特典ニ出ル義ニ付、以来具申スルニ不及」と改めて内達された。[16] つまり、祭粢料の下賜は当然に特別なものであるから通常は上申不要とされ、特に功労があった者を除いて一般官吏の場合は祭粢料というかたちでの金員の下賜は行われなくなったのである。ここにおいて、いわゆる「死亡手当」としての性格を有する金員の給付と祭粢料の下賜が明確に区別されるようになったといえる。「公文録」などには、これ以降、門脇や松岡の例に類する上申書・伺書は見出せない。[17] 内達にある「御手許」とは天皇の「御手許金」＝「私的」財産を指すものであり、祭粢料はそこから支出されるもの、すなわち、天皇の「思召」によって下賜される「恩賜」であることがより明確化されたことになり、一層、特別な意味・価値が付与されたといえる。[18] これ以前の一八七五年十二月二十八日付の太政官達では、「恩賞」や御雇外国人への賜物および祭粢料を下賜する場合は、「御手許」からではなく申請した省庁から必要額を捻出するように命ぜられており、[19]「御手許金」からの祭粢料支出を明確にしたことには大きな意味があると考えられる。

右のように、官吏の死亡を対象としていた祭粢料は次第に範囲が限定されるようになり、とりわけ国家に功労があったとされる人物にのみ下賜されるようになった。

大久保利通の葬儀が営まれた一八七八年以前の段階においては、実質的に現役官吏の死に対する祭粢料は太政官の主導で「死亡手当」と明確な区別無く下賜されている。とはいえ、それらは外見上天皇から臣下へと下賜される特別な「恩賜」として位置づけられており、その有無、金額の多寡によって死者を序列化するものであったといえる。

二　勅使の差遣

祭粢料などの金品の下賜だけではなく、政府要人の死に際して天皇から遺族のもとへ勅使が差遣されることがあった。この勅使は、弔問使としての役割を有するものであり、棺前へ奠榊（玉串奉奠）や焼香のために遣わされたり、あるいは葬儀当日葬場に差遣されたりする。(20)

本章で規定する政府要人の範囲において、一八七八年（明治十一）までの弔問使差遣の実績を表1で確認すると、横井平四郎・大村永敏《ながとし》・広沢真臣《さねおみ》・鍋島直正・山内豊信《とよしげ》・沢宣嘉《のぶよし》・木戸孝允・池田慶徳《よしのり》・大久保利通の死亡時に勅使が差遣されている。(21)彼らが死亡した際の勅使差遣の状況について祭粢料などの下賜と合わせて具体的に列挙しておこう。

○横井平四郎

明治二年正月五日、退朝の途次に暗殺された。横井暗殺の一報が入った時点で天皇は、侍臣少納言長谷信成をして横井の寓居を訪問させ、門弟・従僕らに治療手当として金四〇〇両を下賜した。翌六日には、熊本藩主細川韶邦《よしくに》へ手厚く横井を葬るように申し付けて金弊三〇〇両が下賜されている。(22)

○大村永敏

明治二年九月四日、京都にて遭難した大村に対して翌日療養費として金二五〇両が下賜された。大阪に滞在していた蘭人医師ボードウィンが天皇の命で派遣されて治療に当たったが、十一月五日に大阪病院において大村は死去した。死亡前に、九月十日に勅使として少弁長岡惟忠が慰問のため大阪まで差遣され、死亡後には祭粢料三〇〇両が下賜されている。(23)

○広沢真臣

横井、大村につづいて明治四年正月九日に暗殺された広沢へは、事件直後、侍従高辻修長《おさなが》が慰問のために差遣され、その後大納言徳大寺実則《さねつね》も遣わされた。「深く震悼《しんとう》」した天皇は金弊三〇〇〇両を下賜し、同月二十五日には真臣の養嗣子健三に終身米六石・祭粢料五十円が下賜された。(24)

○鍋島直正

明治四年正月十八日に死去。鍋島が危篤状態に陥った十七日、天皇は見舞の品に交魚一折を下賜するが、回復することはなく翌日死去した。死亡翌日の十九日、天皇は侍従園池公静《きんしず》を弔問のため遣わし、三月七日に行われた葬儀には侍従伏原宣足《ふしはらのぶたる》を差遣して神饌五台（瓶子、梨子、鮮鯛、野菜、雉子）を棺前に供した。(25)

○山内豊信

明治五年六月二十一日に東京橋場の別邸にて死去。二十二日に勅使勘解由小路資生《かでのこうじすけより》が弔問に訪れ、二十八日の葬儀に当たっては幣帛・神饌が下賜された。(26)

○沢宣嘉

一八七三年九月二十七日に死去した沢へは、三十日に祭粢料金一〇〇〇円が下賜された。十月七日に執行された葬儀には、侍従西四辻公業《にしよつじきみなり》が差遣されて玉串を奉奠した。(27)

○木戸孝允

一八七七年五月二十五日に木戸危篤の知らせが明治天皇に届き、侍従高辻修長が慰問のため遣わされたが、午前六時三十分に死去した。二十八日に祭粢料金五〇〇〇円が下賜され、皇太后・皇后からも金二〇〇〇円が下賜された。翌二十九日に行われた葬儀には侍従鍋島直彬《なおよし》が差遣され、木戸邸と式場を訪れた。(28) 木戸には、翌年高台寺で催された一年祭に際しても桂宮御附・宮内御用掛宇田淵《えん》が京都の木戸邸へ使者として遣わされ、二十円の祭粢料が下賜されている。(29)

○池田慶徳

一八七七年八月二日池田は、急性肺炎により京都で死去。十七日、遺骸が東京に到着すると天皇は侍従東園基愛《ひがしぞのもとなる》を池田邸に差遣し、祭粢料二〇〇円を下賜した。十九日の葬儀には、侍従堀河康隆が遣わされ、神饌七台・幣帛を供えている。(30)

○大久保利通

一八七八年五月十四日、紀尾井事件発生の急報を聞いた明治天皇は侍従富小路敬直《とみのこうじひろなお》を大久保邸に差遣。大久保死亡が告げられると同日中に宮内卿徳大寺実則が弔問のため遣わされ、皇太后・皇后も使者を出している。さらに、翌日には式部助丸岡莞爾《かんじ》を大久保邸に差遣し、金幣五〇〇〇円を下賜した。十六日には皇太后・皇后からも祭粢料二〇〇〇円が下賜された。十七日の葬儀当日には、侍従西四辻公業を弔問使として三年町の大久保邸へ差遣し玉串を奉奠。皇太后・皇后からも宮内大書記官山岡鐵太郎《てつたろう》が派遣された(31)。

天皇は、皇族・臣下の葬儀に参列することはないため、右のように侍従ら側近や宮内卿が代理弔問のため勅使として差遣されることになる。明確な基準は見当たらないものの、天皇の名代としての性格を有するがゆえに、臣下の供養のための勅使差遣は祭粢料などの金品の下賜よりも稀有なケースであり、特に限定された重臣・側近の場合にのみ実施された。

勅使は、天皇からの勅語が記された詔書を持参することもあった。たとえば、大久保利通の場合は、左の詔書が勅使によってもたらされている。

忠純許国策鴻図于復古公誠奉君賛丕績于維新剛毅不撓外樹殊勲英明善断内奏偉功洵是股肱之良実為柱石之臣茲聞溘亡曷勝痛悼仍贈右大臣正二位並賜金五千円

御璽《ぎょじ》が鈐されたこの詔書は、贈位・贈官の位記・官記の前に付された(32)。同じように大久保の前年に亡くなった木戸孝允の場合にも次のような詔書が下されている。

公誠忠愛夙傾心于皇室献替規画大展力於邦献賛維新之洪図襄中興之偉業功全徳豊有始終洵是国

之柱石実為朕之股肱茲聞溘亡曷勝痛悼原贈正二位併賜金幣　宣(33)

大久保への詔書作成に際しては、木戸の時のものが参考にされており、欠字を除いて文字数が同数になるように調整が図られている。詔書の決裁過程を示す文書には、文字を加除した痕跡がありその様子がうかがえる。(34)大久保への詔書には賜金の額が入っているのに対して、木戸へのそれには入っていないのは文字数を揃えるためだと推定できる。このような詔書・沙汰書は、誄とも呼ばれる天皇からの弔詞に当たるものでもあり、両者の例にみられるように生前の功績が端的に掲げられると同時に故人への贈位・贈官および祭粢料の下賜が述べられる。これらの詔書は、勅使が持参して遺体の枕元や棺の前で読み上げられることもあった。

勅使の差遣や誄の下賜は、内々に行われるものではなく事後に『太政官日誌』をもって発表されたことが注目される。たとえば、広沢真臣の死亡時には、「竭心復古之業致身維新之朝献替規画勲大功越今也不幸溘然謝世深悼惜焉因贈正三位並賜金幣　宣　別紙目録金三千両」と詔書の全文が掲載されている。(35)これは『太政官日誌』が廃止され、『官報』が発行されるようになったのちも引き継がれた。(36)

勅使差遣や誄の下賜が政府から発表されたということは、言い換えれば天皇が「国家の功労者」の死を悼んでいる様子が公に表明されたということにほかならない。私の死に対する哀悼を、天皇の追悼行為を媒体として無関係の第三者にも共有化させようとした政府の意図が指摘できよう。

三　贈位・贈官

勅使差遣とともに希少なケースであるのが、死亡直後における贈位・贈官である。贈位・贈官は、祭粢料の下賜や勅使差遣と同様に天皇が「功臣」の死を悼む様子を広く伝えるための手段であった。表3のように国葬の被葬者には、何らかの追賞がほとんどのケースでなされている。

表3　国葬対象者への贈位・贈官ほかの状況（明治期）

氏名	葬儀実施年月日	追賞	葬儀への勅使差遣	誄	金品の下賜
（大久保利通）	一八七八年五月十七日	正二位、右大臣	侍従西四辻公業	七十二字	菓子・料理、五〇〇〇円、皇后・皇太后より二〇〇〇円
岩倉具視	一八八三年七月二十五日	太政大臣	侍従富小路敬直	一〇三字	幣帛・神饌、皇后・皇太后より一五〇〇円
島津久光	一八八七年十二月十八日	従一位、大勲位菊花大綬章	侍従富小路敬直	一一一字	幣帛・神饌
三條実美	一八九一年二月二十五日	正一位	侍従富小路敬直	九十三字	幣帛・神饌、皇后・皇太后より一五〇〇円
有栖川宮熾仁親王	一八九五年一月二十九日	菊花章頸飾、功二級金鵄勲章	侍従西四辻公業	一六九字	幣帛・神饌、五万円

北白川宮能久親王	一八九五年十一月十一日	菊花章頸飾、功三級金鵄勲章	侍従西四辻公業	一〇七字	幣帛・神饌、五万円
毛利元徳	一八九六年十二月三十日	旭日桐花大綬章	侍従東園基愛	九十一字	幣帛・神饌
島津忠義	一八九八年一月九日	旭日桐花大綬章	侍従東園基愛	七十五字	幣帛・神饌
小松宮彰仁親王	一九〇三年二月二十六日	―	侍従米田虎雄	一二七字	幣帛・神饌
伊藤博文	一九〇九年十一月四日	従一位	侍従北條氏恭	一四七字	幣帛・神饌、皇后より一五〇〇円

※『明治天皇紀』、『太政官日誌』、『官報』より作成。死亡直前・直後に下賜・差遣された例に限定し、のちに追賞したものは含まない。

江戸時代においては、将軍が死亡した際に天皇から位階・官職を追贈されることがあったがそれらは例外的な措置であり、天皇から個人への直接的な追贈が行われるようになったのは明治以後のことである。[37] 明治改元以後、死亡した直後に贈位された最も早い例は、明治二年（一八六九）十一月五日に死去した大村永敏に従三位が贈られたケースであった。[38] 大村以降は、広沢真臣、山内豊信、沢宣嘉、木戸孝允、池田慶徳、大久保利通とつづく。明治初期において位階・官位の追贈は、祭粢料の下賜と同じく太政官において決定されている。

一八七三年九月二十七日に死亡した沢宣嘉の場合、九月三十日付で内史本課より起案された左の伺い文書が太政大臣までの稟議に回され、決裁を受けている。

特命全権公使澤宣嘉病死致し候旨届出候ニ付、奉職履歴取調候処、辛未八月盛岡県知事辞職以来本年（一八七三年―著者註、以下同）二月全権公使拝命迄ハ麝香之間祇候被　仰付置候ニ付、勤続ニハ不相成候へとも、知事辞職之際別段賜りものも無之ニ付、前後之奉職ヲ続キ別紙之通満四年二ヶ月余ニ相成、殊ニ同人義ハ国家多難之際ニ膺ク鞠躬尽力非常之功勲モ有之候ニ付、特別之御詮議ヲ以テ在官中死去いたし候者へ御規則被下物之外、贈位并ニ金幣ヲ下シ賜リ別紙之通御沙汰相成可然候哉、仰　高裁候成(39)

結果として沢には正三位が贈られたが、位階追贈は先にみた祭粢料下賜のような内規があるわけではなく、故人の功績を特別視した例外的な処遇であったと理解できる。沢の贈位の決定過程から看取できるように、贈位・贈官はあらかじめ定められた規則によって機械的に下賜されるものではなく、政府要人の中でも特に功績があったとみなされる人物について個別具体的に検討されたものといえる。

太政官内での審議の結果、贈位が認められなかった例もある。

故外務少書記官大原重実贈位ノ件、右類例ヲ取調フルニ、御一新以来大臣ノ横死ヲ遂ケシ大村永敏、広沢真臣ノ如キハ贈位アリシト雖トモ、其以下ニ至リテハ絶ヘテ其例アルコトナシ、高倉三位、錦小路頼徳、中山忠光ハ援引スヘキニアラス、然レ共免職又ハ廃官ノ節、多年奉職ノ故ヲ以テ、生存ノ者ヘ位階ヲ進メラレシハ、五辻安仲其他数名ノ例有之(40)

外務少書記官であった大原重実《しげみ》は、一八七七年九月六日に自宅にて「何者トモ不相分抜刀ニテ忍入深手負ヒ」、治療の甲斐無く死亡した。(41)下手人は『明治天皇紀』によれば強盗とされる。(42)直前の先例となる政府最高官であった木戸孝允や旧大名・華族で死亡当時麝香間祗候《じゃこうのましこう》に就いていた池田慶徳の例と比較して、大原は通常であれば贈位が検討される官職にあったわけではないが、強盗に殺害されるという不運に見舞われたため贈位の有無が検討されたのであろう。

また、参与・議定などの要職を務めた重実の父重徳《しげとみ》に配慮して贈位が議論の俎上にのったとも考えられる。重実が遭難した翌日、明治天皇から重徳へ「養老之折柄息重実不慮之変ニ遭ヒ遂ニ死去」したことから金五〇〇円が下賜され、慰撫のための勅使が重徳のもとへ差遣されている。(43)しかしながら、大原のケースは政府の主要人物であった大村永敏や広沢真臣が反政府的指向をもつ人物によって暗殺されたのとは事情が異なる。大村・広沢の場合には政府転覆を目的とした犯行が真っ先に想定されたが、大原の場合はその線での捜査には及んでいない。戊辰内乱の陣中で死亡した高倉永祜などの先例とも比較が行われた結果、「御沙汰止」となっている(44)。

前述の通り、明治初期の例をみる限り、死亡直後の贈位の可否に明確な基準は見出せないが、一方ではある程度の条件もみられる。第一にあげられるのが、旧大名出身の武家華族のうち戊辰内乱において新政府側に立って勝利に貢献した諸藩の藩主もしくは前藩主である。この分類には、表1にみられる鍋島直正、池田慶徳、山内豊信のほかに元長州藩主毛利敬親《たかちか》が該当する。これに加えて、江戸開城前後に新政府と連動して江戸士民の鎮撫に貢献したとの理由から徳川慶頼《よしより》も死亡直後に追贈されている(45)。

第二には、大村永敏、広沢真臣、木戸孝允、そして大久保利通と政府の中核に位置していた人物が死去したケースである。大村から大久保までの四名のうち木戸を除く三名が暗殺によって殺害されていることは特徴的であり、前掲の大原への贈位に関する審議の過程で作成された文書からは、「御一新以来大臣ノ横死ヲ遂ケシ大村永敏、広沢真臣ノ如キハ贈位アリシト雖トモ」と特に暗殺された人物への死後の手当が厚かったことが示唆される記述がある。四名への贈位・贈官は大村の例を最初としてその都度前例にならって実施されていった。

四例のうち最後の大久保への贈位・贈官と金幣の下賜は、紀尾井事件と同じ日に起案され、参議・大臣の検印を経て天皇に上奏。即日裁可された。この際に添付された文書に「客歳木戸内閣顧問薨去之節之前例ヲ以テ贈位幷金幣下賜可然哉」とあるように、先に紹介した詔書と同様に木戸の前例を調査して同程度の贈位・賜金が行われようとしていた。実際に賜金の額は五〇〇〇円で同額、両者ともに正二位が贈られている。しかしながら、木戸の死亡時から変更された点も存在する。大久保へは決裁までの稟議の中で贈位以外に贈官が追加された。文書には「贈右大臣」と記された稟議時に貼り付けられた付札があり、詔書案にも「贈正二位」から「贈右大臣正二位」と加筆されている。(46) 木戸の葬儀が私葬であったのに対して大久保の葬儀が国葬に准じて行われたのは、後述するように死因が暗殺であることに深く関わっている。贈官についても、木戸の時にはみられず大久保が初例であり、この観点に立脚しても大久保の死＝政府要人の暗殺への対処が政府にとって特別重要な課題であったと指摘できる。暗殺と追悼については、第二章・第三章で詳しく検討する。

四　儀仗兵の下賜

金品の下賜や勅使差遣、死者の追賞のほかに、政府要人の葬儀に当たって儀仗兵が下賜されることがあった。武官の葬儀の場合、兵が葬列を護送するが、文官の場合にも特別な功労があったとされる人物については儀仗兵が葬列に随行している。葬列に関する検討は別に行うが、ここでは儀仗兵がどのように下賜されていたのかを確認しておこう。

表４は、政府要人の葬儀に差し出された儀仗兵の状況をまとめたものである。皇族に下賜され

たケースを除けば、広沢真臣、鍋島直正、山内豊信、沢宣嘉、木戸孝允、池田慶徳、大久保利通といった贈位・贈官の対象となった人物の葬儀が対象となっている。儀仗兵は、「天皇、皇族及び将官の外特に命令ありたる場合に、高貴の人の衛戍地出発のとき供ふる」兵であり、[47]葬儀に際して葬列に加えられることもあった。儀仗兵の下賜は、明治以降西洋の制度にならって行われるようになったものであり、当然ながら江戸時代以前の葬儀ではみられない。

表4　葬儀における儀仗兵の差出状況

氏名	死亡日	儀仗兵	備考
広沢真臣	明治4・1・9	御親兵三十名、山口藩兵二四〇名	
鍋島直正	明治4・1・18	佐賀藩徴兵一大隊	
山内豊信	明治5・6・21	歩兵、騎兵、砲兵	
伏見宮邦家親王	明治5・8・5	騎兵一小隊、歩兵二小隊	京都へ遺骸を送る際、品川まで近衛兵が霊柩を護衛
閑院宮孝仁親王妃吉子	1873・3・20	歩兵一大隊	
稚瑞照彦尊	1873・9・18	歩兵一大隊、砲兵一座、騎兵一小隊	明治天皇第一皇子、死産
沢宣嘉	1873・9・27	歩兵一大隊	
稚高依姫尊	1873・11・13	歩兵一大隊、騎兵一小隊	明治天皇第一皇女、死産
有栖川宮幟仁親王妃広子	1875・7・9	歩兵一大隊	
華頂宮博経親王	1876・5・24	歩兵、砲兵、楽隊	

梅宮薫子内親王	1876・6・8	不明	明治天皇第二皇女、一歳で夭逝
和宮親子内親王	1877・9・2	砲兵第一大隊、歩兵第三大隊、歩兵第四大隊、騎兵第一大隊、楽隊、歩兵第二聯隊第二大隊第四中隊	仁孝天皇第八皇女
木戸孝允	1877・5・26	騎兵一小隊	
池田慶徳	1877・8・2	歩兵一大隊	
大久保利通	1878・5・14	歩兵第一連隊、野砲第一大隊、山砲第一大隊、騎兵第一大隊、工兵第一大隊、楽隊	

※「公文録」、「太政類典」、『法令全書』、『明治天皇紀』から作成。

明治五年（一八七二）三月に策定された近衛兵に関する規則を定めた「近衛条例」の一箇条目には「一月正朝会、天長節、拝賀、祭典節会等ノ常儀ヨリ登極、立后、立太子等ノ大礼ニ至リ、若クハ国喪葬、若クハ大臣ノ葬儀ニ勅シテ儀仗ヲ賜フ」とある。(48) この時点で臣下の国葬の制度は存在しないので、ここでいう「国喪葬」とは皇室の葬儀を想定したものであり、それに加えて大臣の葬儀には勅命をもって儀仗兵を下賜することとされている。近衛条例は、一八七三年七月二十九日に改定されたが、その第三十三条では儀仗兵を賜う場合には「陸軍卿当該主司ニ照会シ、差等ヲ定メ、近衛都督ニ牒告スルヲ以テ都督其差等ニ従ヒ、兵隊ヲ差配シテ事ニ就シム」とされている。(49) 葬儀の話題に限っていえば、儀仗兵を下賜する案件が生じた場合には、陸軍卿は葬儀の主管者に諮って儀仗兵の規模を決定することとされた。兵の規模に関しては明確な基準があるわけではなく、贈位・

贈官などと同じようにその都度協議していた様子が次の史料からうかがえる。

①明治六年九月三十一日　陸軍卿代理↓太政大臣

沢全権公使葬式ノ節儀仗兵可差出旨、史官ヨリ示談有之、右ハ公使ト雖トモ必ス儀仗兵差出候規則ハ不致承知候得共、特命有之候上ハ、東京鎮台歩兵一小隊差出可申、此段申進候也

②十月二日　陸軍少佐↓大外史

沢全権公使儀仗兵ノ儀只今御示談ノ趣、帰庁ノ上長官ヘ申聞候所、当省見込ノ段ハ一昨日申出置候通リニ有之候ヘトモ、右ニテ御不都合ニ候ハヽ、別段表向御達相成候様イタシ度候、其段尚申進候様長官申付候、此段申進候也

③十月二日　太政大臣↓陸軍大輔

故特命全権公使沢宣嘉葬式ノ節、儀仗兵ノ儀ハ特命有之候ハヽ鎮台兵一小隊可差出旨申出ノ所、宣嘉ハ維新ノ功臣ニ有之、今般得詔其功労ヲ彰セラレ位階ヲモ被贈位次第ニ付、更ニ大臣ノ葬儀ニ比準シ、適宜ノ制取調可申立、此段相達候也

④十月三日　太政大臣→陸軍大輔

特命全権公使沢宣嘉葬儀之節儀仗兵差出方ノ儀、更ニ取調可申立旨御達之趣承知イタシ候、右ハ未御定則ハ無之儀ニ候ヘトモ、此度ノ儀ハ歩兵一大隊被差出可然存シ候、此段御答申進シ候也(50)

右は、沢宣嘉の葬儀に儀仗兵が下賜された時の関係文書である。これによれば、太政官からの照会に対して陸軍省が儀仗兵の規模を歩兵一小隊と算出して回答したところ、太政官から大臣と同様の待遇の規模を派遣するよう再度要求があり、結果的に定則はないものの太政官の要請を容れるかたちで歩兵一大隊に規模が拡大している。沢は、死亡時には露国駐在特命全権公使にあり、大臣の地位にはなかった。沢の場合にみられるように儀仗兵の下賜についても制度・規則が未確立であり、十分な判断材料がなく、案件ごとに太政官・陸軍省の両者で結論を出していたことが史料から読み取れる。

もう一例みてみよう。麝香間祇候池田慶徳が死亡した際に陸軍省から太政官へ上申された意見書である。

池田正二位葬式儀仗隊被差立ノ儀意見

葬式儀仗ハ武官并武職ニ係ル死者ノ等級ニ従ヒ随行セシメ、其式ヲ行ハシムルト雖トモ、文官ニ在テモ亦其高官或ハ功労アル者ニハ、特旨ヲ以テ儀仗兵隊ヲ随行セシムルコト、欧州ニテ其例少カラス、因テハ池田正二位ノ如キモ特旨ニ出テ儀仗隊ヲ差立ラルニ於テハ、曾テ差閊有之間敷ト及有議候コト

但此度儀仗ハ歩兵一大隊随行可然ト存候事(51)

陸軍省は、西欧の例を調査して池田の葬儀への儀仗兵の派遣について意見を述べており、その規模を歩兵一大隊と定めている。後述する通り、大久保利通の葬儀や岩倉具視の国葬に当たって参列者の服装や国葬の規則などに関し、外国へ照会がかけられているが、儀仗兵についても調査が行われていたことが指摘できる。

葬儀の中でも葬列は、特に不特定多数の視線にさらされる場面であり、そこに天皇から下賜された儀仗兵が供奉《ぐぶ》していることは重要だといえる。葬列には、多くの見物客が存在し、その模様は新聞でも報じられた(52)。儀仗兵を通じて故人に対する天皇の追悼の意が衆人の目に具現化されたのであり、葬列は政府要人の死の意義を人びとに印象づけるのに大きな効果があったといえる。

小括

本章では、天皇と政府要人の死の関係を天皇から下賜される金品、勅使の差遣、追賞、儀仗兵の下賜といった事項から検討してきた。これらの事柄は、国家に功績があったとされる人物の死を天皇が悼んでいることを表明する行為であり、第三者にそれを伝える媒体となるものであった。

祭粢料および物品の下賜や勅使差遣については、大久保利通の葬儀が行われた一八七八年（明治十一）以前までに事例を蓄積するにつれて次第に定式化していた。贈位・贈官や儀仗兵の下賜なども規模や内容が定まらない部分がありつつも徐々に形式化していった。これらの天皇による追悼行為は、戦前・戦中期を通じて行われており、国葬の対象となった人物には特に手厚く実施されている。

こうした「恩賜」の数々は、政府要人の死が公のものとなってゆく上で欠くことのできない要素であり、公葬の成立と密接に関わる問題である。本文中でもふれたように、特に祭粢料が高額になったケースや贈位・贈官が実施された事例をみると、現役の政府高官が在職中に暗殺されたケースに留意しなくてはならないことが指摘できる。次章では暗殺された人物の葬儀について個別に検討する。

註

（1）渡邊幾治郎『皇室と社会問題』（文泉社、一九二五年）。
（2）遠藤興一『天皇制慈恵主義の成立』（学文社、二〇一〇年）。
（3）川田敬一「近代皇室の社会的役割に関する基礎的研究――宮内公文書館所蔵『恩賜録』を中心として――」（『日本学研究』一七、二〇一四年）。
（4）井原頼明『増補　皇室事典』（冨山房、一九四二年）。
（5）『復古記』八、五九四頁（覆刻版、東京大学出版会、二〇〇七年）。
（6）「太政類典」第一編・慶応三年～明治四年・第一七八巻・理財・禄制一七（国立公文書館蔵、請求番号本館―二A―〇〇九―〇〇・太一七八一〇〇）、同第一編・慶応三年～明治四年・第三四巻・官規・賞典恩典三（請求番号本館―二A―〇〇九―〇〇・太三四一〇〇）。
（7）「太政類典」第一編・慶応三年～明治四年・第三十三巻・官規・賞典恩典二（請求番号本館―二A―〇〇九―〇〇・太三三一〇〇）。
（8）「公文録」明治五年・第一巻・壬申・正院達弁課局伺（国立公文書館蔵、請求番号本館―二A―〇〇九―〇〇・公〇〇六二四一〇〇）。
（9）「公文録」明治二年・第二十巻・己巳七月八日～九月・刑部省伺（請求番号本館―二A―〇〇九―〇〇・公〇〇〇八六一〇〇）。
（10）「単行書・官符原案」副本四（国立公文書館蔵、請求番号本館―二A―〇三三―〇五・端〇〇二二八一〇〇）には、「裁」字印の写しがみえる。「裁」字印については、天皇の裁可印とする説と正院の決裁印とする説があるが、この点について詳細に検討した永井和「太政官文書にみる天皇万機親裁の成立――統帥権独立制度成立の理由をめぐって――」（『京都大學文學部研究紀要』四一、二〇〇二年）は、「正院の決裁と解するのが自然であろう」と結論づけており、著者もこれに同意するものである。

（11）「公文録」明治五年・第五十四巻・壬申七月～十一月・教部省目録（請求番号本館―二A―〇〇九―〇〇・公〇〇六七七一〇〇）。

（12）「単行書・官符原案」原本・第十三（国立公文書館蔵、請求番号本館―二A―〇三三―〇五・端〇〇二二三一〇〇）。

（13）「公文録」明治十年・第十巻・明治十年五月～十二月・元老院伺（請求番号本館―二A―〇一〇―〇〇・公〇二〇一七一〇〇）。

（14）「公文類聚」第八編・明治十七年・第七巻・賞恤・賞賜追賞附・恩給・扶助・賑恤（国立公文書館蔵、請求番号本館―二A―〇一一―〇〇・類〇〇一七二一〇〇）。

（15）『法令全書』明治十七年、太政官第一号達。

（16）「公文録」明治十七年・第六巻・明治十七年四月・太政官（第一）（請求番号本館―二A―〇一〇―〇〇・公〇三六七〇一〇〇）。

（17）なお、のちに祭粢料の下賜は宮内省内で検印（決裁）されており、関係書類が宮内庁宮内公文書館が所蔵する「恩賜録」に綴られている。ただし、明治初期段階においても重臣・側近の親族や女官の葬儀、政府要人の年忌法要などの場合は、祭粢料の下賜が宮内省内で決裁された例もみえる。たとえば、宮内大輔万里小路博房の母が死去した際には、一八七七年七月六日付で祭粢料一〇〇円の下賜が宮内大丞と宮内省御用掛の検印をもって執行されている（「恩賜録」明治十年、第十号文書、宮内庁宮内公文書館蔵、識別番号一八八）。

（18）ただし、木戸孝允への祭粢料下賜の過程で作成された文書（京都行在所の書記官から東京の書記官へ宛てられた文書）をみると代金を「征討臨時費」で取りあえず立て替えておき、後日精算するとされているなどの例も史料上はみられる。皇室財政の区分が確立していなかったこともあり、明治の初期段階では必ずしも実質的な「御手許」から全額が支出されたわけでないことに留意する必要がある（「公文録」明治十年・第百四十六巻・行在所公文附録、請求番号本館―二A―

〇一〇・〇〇・公〇二二六八一〇〇）。

(19)『法令全書』明治八年、太政官達第二一八号。

(20)前掲註（4）井原『増補　皇室事典』。

(21)なお、ここで定義する政府要人の範囲からはずれるが、旧長州藩主毛利敬親のように勅使が差遣された例もある。毛利は、明治四年三月二十八日に死去し、侍従堀河康隆が勅使として山口まで差遣されている（『太政官日誌』第二十一号、明治四年四月十四日）。

(22)宮内庁編『明治天皇紀』第二（吉川弘文館、一九六九年）、明治二年正月五日条。

(23)『明治天皇紀』第二、明治二年九月四日条、「太政類典」第一編・慶応三年〜明治四年・第一巻・制度・詔勅・臨御親裁・禁令・布令掲示（請求番号本館―二A―〇〇九―〇〇・太〇〇〇〇一一〇〇）、大村益次郎先生伝記刊行会編『大村益次郎』（肇書房、一九四四年）。

(24)『明治天皇紀』第二、明治四年正月九日条。

(25)「鍋島直正事蹟」（東京大学史料編纂所蔵、請求記号四一四四―二二二）。

(26)『明治天皇紀』第二、明治五年六月二十一日条、「大正大礼贈位内申書巻四十二」（国立公文書館蔵、請求番号本館―二A―〇四〇―〇五・贈位〇〇〇四三一〇〇）。

(27)『明治天皇紀』第三（吉川弘文館、一九六九年）、明治六年九月三十日条。

(28)『明治天皇紀』第四（吉川弘文館、一九七〇年）、明治十年五月二十六日条。

(29)「恩賜録」明治十一年、第二十四号文書（宮内庁宮内公文書館蔵、識別番号一八九）。

(30)『明治天皇紀』第四、明治十年八月十八日条。

(31)『明治天皇紀』第四、明治十一年五月十四・十五・十七日条。

(32)『太政官日誌』第一号、明治四年正月九日。

(33)「単行書・官符原案」原本・第十四（請求番号本館―二A―〇三三―〇五・単〇〇二二四一〇〇）。

(34)「単行書・官符原案」原本・第十四。
(35)『太政官日誌』第一号、明治四年正月九日。
(36)たとえば、『官報』(明治二十二年五月二十五日発行)の「宮廷録事」の欄では、静岡県知事関口隆吉の葬儀に勅使を差遣して白絹二疋を下賜した記事がみられる。
(37)一例をあげれば、第十二代将軍徳川家慶が死去したのち、嘉永六年(一八五三)八月四日に、正一位・太政大臣が天皇から贈られている(「非蔵人詰日記」嘉永六年八月四日条、東京大学史料編纂所蔵、請求記号四一七三―一六〇)。
(38)「公文録」明治三年・第百十六巻・粟田口止刑始末(一)(請求番号本館―二A―〇〇九―〇〇・公〇〇四三二一〇〇)。
(39)「単行書・官符原案」原本・第六(請求番号本館―二A―〇三三―〇五・単〇〇二一六一〇〇)。
(40)「公文録」明治十年・第五巻・明治十年八月～九月・寮局伺(八月・九月)(請求番号本館―二A―〇一〇―〇〇・公〇二〇一二一〇〇)。
(41)「公文録」明治十年・第百十五巻・明治十年六月～九月・宮内省伺(請求番号本館―二A―〇一〇―〇〇・公〇二一三〇一〇〇)。
(42)『明治天皇紀』第四、一八七七年九月七日条。なお、藤井八十衛による探索報告書によれば、大原家に近しい人物による犯行の可能性も想定されている(「藤井八十衛諸報告」〈「三條家文書」五八―七〇、国立国会図書館憲政資料室蔵〉)。
(43)「恩賜録」明治十年、第十九号文書。
(44)「公文録」明治十年・第五巻・明治十年八月～九月・寮局伺(八月・九月)。
(45)「太政類典」第二編・明治四年～明治十年・第三十二巻・官規六・賞典恩典四(請求番号本館―二A―〇〇九―〇〇・太〇〇二五四一〇〇)。
(46)「単行書・官符原案」原本・第十四。

(47) 前掲註（4）井原『増補　皇室事典』。
(48) 「公文録」明治五年・第四十巻・壬申二月～四月・陸軍省伺（二月・三月・四月）（請求番号本館―二A―〇〇九―〇〇・公〇〇六六三一〇〇）。
(49) 「公文録」明治六年・第三十四巻・明治六年九月・陸軍省伺（請求番号本館―二A―〇〇九―〇〇・公〇〇七六四一〇〇）。
(50) 「公文録」明治六年・第三十五巻・明治六年十月・陸軍省伺（請求番号本館―二A―〇〇九―〇〇・公〇〇七六五一〇〇）。
(51) 「公文録」明治十年・第五巻・明治十年八月～九月・寮局伺（八月・九月）（請求番号本館―二A―〇一〇―〇〇・公〇二〇一二一〇〇）。
(52) たとえば、『東京曙新聞』一八七八年五月十八日は、大久保利通の葬儀の模様を細かく記事にしている。この点については後掲の章で再度ふれる。

第二章　暗殺と葬儀
——広沢真臣を中心に

はじめに

明治四年（一八七一）正月九日、参議広沢真臣が東京府麴町《こうじまち》富士見町の私邸にて暗殺された。同事件は、明治二年正月に起きた横井平四郎暗殺、同年十一月の大村永敏暗殺につづく政府首脳にとって甚大な衝撃を受けた出来事であった。政府は、暗殺犯の捜索に躍起となり、事件発生直後に明治天皇から「深ク御宸怒被為在候ニ付テハ、府下ハ勿論近傍地方ニ於テ厳密遂捜索捕縛可致」との「御沙汰」があったと太政官から達せられ、二月二十五日には「賊ヲ必獲ニ期セヨ」との詔が渙発された。東京府は、町年寄宛てに研ぎ師・刀屋・船宿渡世・遊女屋・料理茶屋を取り調べるよう触れ、徹底した捜査が行われている（1）。しかしながら、容易には犯人の逮捕にいたらず、関係当局は数年間にわたって捜査線上に浮かんだ人物たちの取調・訊問を繰り返したが、結局現在でも真相は究明されていない。

この暗殺事件と捜査に関する記録は、国立公文書館が所蔵する「公文録」にまとめられている。[2]基礎史料がよく知られていることに加えて、事件が起きた背景や捜査の経過、訊問の過程は、日本政治史・法制史上の重要な問題であるがゆえに、尾佐竹猛『明治秘史疑獄難獄』[3]をはじめ我妻榮ほか編『日本政治裁判史録』[4]や田中時彦「広沢真臣暗殺事件の政治的背景」[5]などで詳細に検討されてきた。事件の顚末については、従来の研究にいくらかの歴史的事実を付け加えることはできても、まったく新たな見解を対置しうる重要な史料は現在のところ見出せていない。そのため、本章では事件・捜査については先学に学ぶこととして、不慮の死を遂げた広沢の葬儀関係に視点を限定してその実態をみていきたい。

広沢の死を特に取りあげるのは、前章でも言及したとおり、政府要人の死の中でもとりわけ暗殺事件は重要だと考えることによる。個人の死が、私から公へと変遷する過程を考察する上で暗殺による死を検討することは欠くことができない。暗殺された広沢や大久保利通には非常に多額の金員が天皇から下賜され、勅使の差遣、贈位・贈官、大規模な儀仗兵の下賜が行われるなど政府から特別手厚い措置が施されたのは第一章で述べた通りである。

本章では、「広沢真臣関係文書」[6]の中に残された葬儀の関係書類を手掛かりにして、広沢の死に関する一連の様相を復元してみたい。

一　死亡直後の様相

参議広沢真臣は、明治四年（一八七一）正月九日午前二時前、私邸へ侵入した何者かによって暗殺された。第一発見者は広沢家の家令起多正一であったが、発見した時にはすでに遅く、広沢は邸内に倒れ伏していたという。広沢暗殺によって政府首脳が受けたショックは大きく、政府の面子をかけてすぐに犯人割り出しのための作業が本格化した。なかなか捜査に進展がみられない中、二月には鹿児島・熊本・高知・山口の四藩の連名で政府内で反政府勢力と結び付いている者を「一掃」すべく「疾雷掩耳《しつらいえんじ》御処置」を取るよう建言書が提出されている。(7)

起多正一も広沢暗殺の有力な容疑者の一人として取調を受けたが、訊問の結果無罪となって釈放された。(8)起多自身の証言によれば、起多は山口藩領の農民の出身で奇兵隊に入隊し、広沢の指揮下に入ったことで関係が生まれ、以来付き従ってきたという。(9)広沢の死亡から葬儀執行後までの、広沢家内の人びとの動向がまとめられた「明治四辛未正月九日巳来諸事日載」(10)から暗殺直後の様相をたどってみよう。

広沢が邸内で倒れているのを発見した起多は、「恐懼」して刑部少輔宍戸璣《たまき》をはじめ山口藩邸内の長屋の住人を招請した。その時、長屋に居合わせた人物たちが集まり、「上下邸内委敷相尋」ねて捜索したが、時刻は未明で暗中であり、かつ調べるべき範囲が手広であったことからついに下手人を発見できなかった。起多は、東京府に申し入れて諸門・各区に犯人捜索の手配を行い、正月九日明け方五時頃、起多の名前で広沢が暗殺されたことと、犯人が直ぐさま逃亡し、足跡不明であることを弁官へ報告した。つづけて、参議副島種臣《たねおみ》および山口藩権大参事野村素介《もとすけ》、同大属藤井勧蔵ら山口藩関係者に悲報を報知している。山口に出張していた木戸孝允にはすでに事件発生直後に広沢暗殺の急報を発していた。(11) 同月二十二日に訃報に接した木戸は「実に兄弟の難に逢ふ」と広沢を喪失したことの哀しみを日記に書き綴っている。(12)

弾正台の渡邊大忠（昇《のぼり》）へは、少弁長松幹《つかさ》から書面をもって捜査状況を届け出、ついで医師福井順造が遺体の創傷に改めて手当を施した。翌日に渡邊は、官員四名を引き連れて現場の実況検分を行い、起多をはじめ暗殺当日在邸していた婦人などの聞き取り調査を行っている。犯人の有力候補には、広沢と同衾していたとされる妾のカネもあがっていた。また、この日は早朝のうちに天皇からの慰問使として侍従高辻修長が広沢邸へ差遣され、生菓子二重折が下賜された。勅使の差遣と供養品の下賜によって広沢の死に天皇の権威が添えられ、特別な意味を付したといえる。また、右大臣三條実美、兵部卿有栖川宮熾仁親王もこの日広沢邸を弔問のため訪れている。野村素介と藤井勧蔵も同日、広沢邸を訪問した。(13)

同じ日に、葬儀の執行方法について「三職方ニ於テハ取掲之儀」があり、葬儀は神式で執行されることに決した。この決定に基づいて広沢家へ神式で葬儀を行うように指示が下され、その後、神祇官の官員が招かれた。広沢邸に、宣教権判官小野述信《のぶざね》、諸陵権助天野正世《まさよ》、少博士渡辺玄包、諸陵亮猿渡容盛《ひろもり》、権少博士大崎昌庸、権少主典谷山精茂、異宗徒掛植山辨蔵らが招聘されて、具体的な葬儀の次第・段取の打ち合わせが行われている。その結果を受けて神祇官で葬儀案が作成され、同日中に次第が定稿した。(14) 外見上、広沢の「家」が主催して行われるまったくの私葬でありながら、神祇官が葬儀のあり方を策定しており、政府の意思が葬儀の執行方法を決定する過程に大きく関与していることがわかる。(15)

事件当日中には、兵部省から広沢邸へ護衛兵一分隊が派遣されてさらなる被害を防止すべく警衛に当たった。山口藩からも七名が派遣されて広沢邸の護衛に当たっている。また、同じ日に少弁林厚徳《あつのり》が「天使」（勅使）として贈位の詔書と下賜金である金幣三〇〇〇両を携えて広沢邸に参向し、遺骸の枕元で詔書を読み上げた。(16) これは、「竭心復古之業致身維新之朝献替規画勲大功越今也不幸溘然謝世深悼惜焉因贈正三位並賜金幣　宣　別紙目録金三千両」との短い文であるが、第一章で言及したように天皇からの誄＝弔詞としての役割を有する言葉でもあった。広沢への下賜金の額が飛び抜けて高額であることも前章でふれた通りである。詔書の全文は『太政官日誌』に掲載され、広沢という「功臣」の死に対する天皇の歎きが広く表明された。(17) 夜に入り、棺が調達されて宍戸璣らが参会し、広沢の養嗣子健三はじめ山口藩関係者を中心とした縁故者が集った。彼らは、広沢の浄衣を白羽二重袷の新しいものに取り替え、とりあえず遺体を棺に納めた。翌日の納棺に当たっては、相当の官服、黒の袍《ほう》、紫貫、指貫、冠、儀装された太刀や広沢が生前に愛用していた陶盃などが納められている。(18)

十日には、宍戸璣、長松幹ら広沢と旧知であった人物が参集して、暗殺犯の捜索と「御葬祭取賄之件々」について相談するための会議が開催された。この会議では、墓地について話題に上り、三條から「荒漠之境ハ不可然とし、寧近郊之内相当之地処選択有之度」との「御内慮」の発言があった。「御内慮」なるものが天皇の意思あるいは三條個人の意思を指すのかは不明だが、政府首脳総体としての指示と解するのが妥当であろう。この「御内慮」に基づいて会議中に広沢の墓地を愛宕の萬年山青松寺《ばんねんざんせいしょうじ》（現港区愛宕）とすることが決定された。(19) 墓地は、閑散とした土地ではない東京近隣のしかるべき場所、という政府が指定した条件に準拠するかたちで青松寺が選ばれたといえる。(20)青松寺は、曹洞宗の江戸三箇寺の一つで、山口藩においては江戸藩邸で死亡した人物を埋葬するためにかねてより利用していた。三條が提示した条件と山口藩との関係性から、うってつけの埋葬地として選択されたのである。

墓地が青松寺に決定されたことを受けて、山口藩出身の井上新一郎、檜了介に墓地の造営をはじめ「埋葬一式」に関する事務が委任された。葬儀の執行日は翌十一日とされ、井上・檜を中心とした大急ぎの準備作業になったが、諸供物・祭具・喪服の調達や葬列の道筋の決定などについて何とか間に合わせることができ、集まった諸員は夜に入って一旦解散している。また、十日の夜七時に国元へ訃報を知らせる使者が広沢家から立てられ、同じく山口藩上屋敷からも長松幹の訃音《ふいん》書を持参した飛脚が山口へ差し遣わされた。(21)

以上のように、暗殺によって生涯を終えた広沢の葬儀は、親族と山口藩出身者を中心とした生前の縁故者によって準備が進められた私的な側面が看取できる一方で、葬儀の様式や墓地の選択に当たっては政府の意思が介入している。そうした意味では、広沢の葬送には公的な要素も見出せる。広沢より以前に暗殺された横井平四郎の死に当たっては、熊本藩主細川韶邦へ「厚く平四郎を葬らし」むように命ぜられ、葬儀に関する意思決定が細川家へ一任されたのに対し、広沢の葬儀には政府首脳の思惑が反映された様子がうかがえる。(22)

これは、横井と広沢の死亡時の政府内における立場から生じる差というだけではないであろう。かかる差異は、広沢暗殺の衝撃が政府首脳部にとっていかに重大なものであったのかを示すのと同時に、政府が「功臣」の死に関与して、一人の死を公のものとしてゆく一段階で生じたものだと指摘できる。すなわち横井の時に比較して広沢死亡時の方が、政府が個人の死により介入するようになっていたということである。第一章でみた、種々の恩賜についても明治初年から時を経るにつれて、「功臣」に対しては手厚くなっていく傾向にある。以降も、明治政府は、政治的基盤を固めていくのと平行して個人の死への干渉を深くしてゆくことになる。広沢の死は、その中でも画期となる出来事だったといえる。次節でその点をさらに確認していこう。

二　葬儀の執行

葬儀当日の明治四年（一八七二）正月十一日朝十時、広沢家に安置されていた真臣の棺前に養嗣子健三をはじめ関係者が参集し、「棺前祭式」（供酒饌〈酒・塩水・洗米・魚・菜菓〉、祝詞、喪主拝礼、親族拝礼、撤酒饌、退座）が執り行われた。一方で、墓地に指定された青松寺では喪主代理が立てられて朝八時から「地神祭儀式」（供酒饌、祝詞、拝礼、撤酒饌、退座）が執行されている。[23]

喪主は健三が務めたほか、長州藩出身の刑部少輔宍戸璣、葬儀事務を司った諸陵権介天野正世が「相礼」を担った。そのほかの「司客」、「司書」、「司計」、「司具」、「司厨」、「司蔵」、「給仕」などの配役には、山口藩出身者および宍戸・木戸家内の者を中心に割り当てられた。[24]

「御出棺御祭典」を喪主が執行し、来訪した弔問客たちによる遺体への拝礼も済んだのち、十一時には葬列が組み立てられ、十二時頃青松寺へ向けて出棺した。広沢邸を訪れ、遺体に拝礼した来客は三十名である。[25]

葬列は、富士見町の広沢邸を出発すると、平河町、霞ヶ関、新橋を経て愛宕の青松寺へ入っている。[26] 葬列は、図1のように組まれた。葬列自体の人数は、五十五名（ほかに行列総括人二人、輿丁一人）と一般の葬儀に比べればやや大規模ではあるものの、後述するような大久保利通の国葬に準じた葬儀や皇族の葬列、あるいは岩倉具視以降の国葬とは比較するまでもないほど小規模である。ただし、葬列の前後は、御親兵三十名、山口藩から出された兵二四〇名が固めている。これらは、護衛の名目で派遣された兵であり、「儀仗兵」の文言こそ使用されていないが、実際には葬列を装飾する役割を果たした。[27] そもそも、広沢の死亡時には文官である臣下の葬列に儀仗兵が下賜された前例はなかったが、天皇・御所の護衛を主とする御親兵が派遣されたことは天皇から下賜された兵であることを示したと推察される。史料上、儀仗兵と明記されてはいないが、「伺済」の上での派兵であり、[28] 文官の葬儀への儀仗兵下賜の端緒を開いたのは広沢の葬儀ということができるであろう。これだけの兵力を葬儀に添えた

先払（萌黄・法螺）　榊（白丁）　銘旗（白丁）

士供（素袍引立烏帽子）
輿丁（白丁）　輿丁　輿丁　輿丁
棺　輿丁一六名
輿丁（白丁）　輿丁　輿丁　輿丁
士供（素袍引立烏帽子）

士供（素袍折烏帽子）　士供
喪主　中間（白丁）　挟箱（白丁）
士供（素袍折烏帽子）　士供

率馬（白丁）　介添（平礼烏帽子貫布素襖）　士供（素襖）

中間（白丁）　日籠長持二荷（白丁）

図1　広沢真臣葬儀葬列の図
（「日載」明治4年正月11日条から作成）

ことは、「大臣生殺之権」を反政府勢力と化していた「草莽《そうもう》」の手に渡すことはないとする政府の意思表示であると考えられる。(29)政府は、広沢の葬儀を御親兵で飾ることでそうした強いメッセージを発信することを企図したといえよう。

道中では特に問題は生じず、葬列は無事に青松寺に入り、「墓前祭式」（居棺於壙前、供酒饌、祝詞、喪主拝礼、親族其外会葬人拝礼、撤酒饌、埋棺、埋葬）が行われた。墓地での拝礼のために会葬したのは、大隈重信や副島種臣ら参議をはじめ政府の高官や生前の縁故者たち四十八名である。埋葬が済み、一行が広沢邸に夕方頃到着すると「環家祭」（霊牌安置、供酒饌、祝詞、喪主拝礼、親族其外拝礼、撤供、退座）が催され、これをもって当日の祭式はすべて終了したことになる。(30)以後も、墓所の傍には小屋が建てられ、番人二名、小使一名が常駐した。(31)翌十二日からは、健三が毎日墓地に参拝し、二月末頃までは墓所を参詣する者が後を絶たなかった。十四日には木戸孝允の妻松子が参拝し、木戸本人は帰京後の二月二十三日に墓前にて広沢を弔っている。正月十四日には初祭が催され、以降十日・二十日・三十日・四十日に祭儀が行われた。(32)

広沢の葬儀は、あくまでも広沢家が主催する儀式として行われている。葬儀にかかる費用は国庫から支出されたわけではなく、下賜された祭粢料からその一部が補塡されたとしても、広沢家の私財から全面的に支出された。(33)それゆえ、広沢の葬儀は国が主催する公葬としての要素を備えているとは到底いえないが、一方でのちの公葬に連なるような要素もいくつか見出せる。その最も大きな点が葬列なのである。広沢の葬列は国葬ほど大規模ではなくとも、御親兵や山口藩の「徴兵」が列の前後に配置されており、みせることを前提とした行進であったといえる。御親兵の下賜は、儀仗兵の下賜の嚆矢とみなすことができることは先にも指摘した通りである。広沢の葬儀は、分類わけすればあくまでも私葬であるが、こうした点において公葬の萌芽を確認することができる。

三　死の劇場化

明治期以降、「功臣」たちの葬儀に公の要素がみられるようになったことは、特に葬列の場面に表象される。葬列は、「功臣」の死を可視化させ、だれの目にもただ一人の死をあらわにし、不特定多数の人びとがある人物の死に接する機会を創出した。広沢真臣の葬儀でも、葬列には天皇の護衛兵である御親兵や山口藩出身者から募った「徴兵」が加わっており、みられていることが強く意識されていた。此経啓介が、明治時代の葬儀における葬列は、スペクタクル（見世物）化し、「〈宗教性〉」より「〈世俗性〉」がまさっていたと指摘したように、江戸時代以前のそれとは大きく異なる様相を呈した。(34)

たとえば、明治五年（一八七二）六月二十八日に行われた、元土佐藩主（死亡時は麝香間祗候）山内豊信（容堂）の葬儀における葬列には、多数の群衆・見物客が存在し、芸者・役者などが参列した。

「去月下旬従二位山内容堂葬送ありしに、近衛兵よりもこれを送り、かつ柳橋その他絃妓、幇間、猿若、芝居役者（中村）雁八、（中村）吉六等夥しく群集護送せしとぞ、実に近来盛大の葬式なるよし」と新聞で報じられたように、箱崎の山内邸を出棺してから埋葬地である品川大井村墓地（現大井公園）に到達するまでの道筋において〝お祭り騒ぎ〟にも似た葬列が行進している。[35] この葬列は、あたかも生前の山内の人物像や社会的関係を示すかのようなユニークな葬列であり、やや異色なものともいえる。

ただし、山内の葬列は、単なるお祭り騒ぎを醸したわけではなく、観衆の目に明らかに配慮しており、背景では政府が「功臣」の死のみせ方に苦心していたことが史料からうかがえる。その苦心は、儀仗兵のあり方に端的に表れている。太政官正院は、陸軍省に対して「特命（山内の）葬式之節、儀仗隊近衛兵被差立候、右者従来之勲功ニ被為対被仰出候」と指示しており、山内の葬列に派兵される儀仗兵は生前の「勲功」によって下賜されるものと示された。[36] 実際の儀仗兵は、近衛兵（騎兵・歩兵・砲兵）の中から高知藩の出身兵を選んで派遣された。だが、高知藩出身とはいっても、「高知県兵隊ノ内差出し可申トノ儀、右ハ近衛ノ外一切募集無之」と近衛兵のほかに高知県出身者から兵を募集することは禁じられている。[37] これは、旧藩主の立場としての葬儀（「藩葬」）ではなく、「皇室の藩屏《はんぺい》」たる華族の死としての葬儀を外見上明らかにするための判断であった。「高知県兵隊」ではない、近衛兵の儀仗兵派出が企図された結果といえる。

この点、御親兵に加え、山口藩から葬列に兵が供された広沢とは異なる。広沢の場合には、葬列に供奉した兵のほかに葬儀事務や当日の運営などに携わったのも大部分が山口藩関係者であり、政府が介入した葬儀であると同時に藩の面目をかけた儀式という側面も強かった。広沢以外の例もあげれば、広沢とほぼ同時期である明治四年正月二十三日に葬儀が執行された元佐賀藩主鍋島直正のケースでは、兵部省が「佐賀藩徴兵」を葬列に差し出している。鍋島の葬儀では、死亡後に副島種臣や江藤新平ら佐賀藩出身者と鍋島家の家令・家扶が会議を行った結果、「国体に関する皇道なれば」、「神葬祭の模範となるべき」との意見から先祖とは相違する神葬式が選択された。一方で、鍋島の葬儀では藩が主催する「藩葬」の形態がとられた(38)。儀仗兵が、佐賀藩出身者で構成されたのは藩葬の要素を濃くしている。このことを前提として広沢や鍋島の葬儀と山内のそれを比べると、儀仗兵が高知藩出身とはいえ近衛兵に限られた山内の場合は藩葬ではなく、政府の意思が介する公葬としての色合いがやや強くなっているとみなすことができよう。広沢・鍋島の葬儀から山内の葬儀までわずか一年間半弱の間であるが明治四年七月の廃藩置県を経て、旧藩出身者の「功臣」の葬儀を主催する主体が「藩」から政府へと移行しつつあったといえる。

以上のように、明治初期から「功臣」の葬儀時の葬列が第三者にみられることを意識したものとなってゆく。その変遷の軌跡は、私葬から公葬への変化の一過程とみなすことができる。言い換えれば、公葬が成立する不可欠な要素の一つとして葬列の可視化といった問題が横たわっている。明治以後の葬列の話題は、このあともたびたび登場することになるのでその都度具体的な実態を解明していくこととしたいが、ここでは、先に紹介した広沢や鍋島、山内の葬列との比較材料として幕末段階における権力者の葬儀のあり方を簡単にみておきたい。

まず、阿部正弘の葬儀をみてみたい。阿部は、周知の通り、幕末の備後福山藩主で老中として内外の政治課題に対処すべく幕政を取りしきった人物である。阿部は、老中在任中の安政四年（一八五七）六月十七日に病気でこの世を去っている。阿部の死後十日間が経った六月二十七日に幕府は喪を発し、七月三日、浅草新堀端西福寺へ遺体が埋葬された。阿部の棺は、三日の早朝に福山藩上屋敷を出発し「途上ノ行装総テ家格ニ応スル盛儀ヲ用ゐ」た。遺体が、門を通行する際の呼声などは「閣老現任ノ日」と同様とし、葬列・葬儀に用いられる物品は生前に徳川家から授与された品をあてて、阿部の死を装飾しようとしている。[39] 阿部のケースからは、江戸時代においては家格や死亡時の役職に応じた葬儀を営んでいたことが確認できる。こうした点では、華族といった特権的地位や生前の官職に応じて葬儀のかたちが選択された明治期以降との共通性もみて取れる。

しかしながら、江戸時代と明治期では決定的に異なる部分がある。それは、死を視覚的に認知しうるかたちで民衆に公表したかどうかという点である。広沢の葬儀もその通過点の一つであるが、天皇を含めた明治以降の葬儀は既述の通り、次第にみせる葬儀へと変化してゆく。対して、江戸時代においては、将軍・天皇の葬儀や葬列は一般の目から原則隔離されたものであった。慶応二年

（一八六六）七月二十日に死去した将軍徳川家茂の場合は、八月二十日に発喪し、三日間の廃朝が触れられた。同二十六日に老中松井康直が葬儀総奉行に就任して、江戸市中へ鳴物・作事停止《ちょうじ》、火の用心などが達せられた。葬儀は、徳川将軍家が主催して行われる江戸時代では「公葬」と呼ぶべき性質のものである。(40)

長州再征のため滞在していた大坂城で他界した家茂の遺体は、九月七日に江戸城に到着して、同二十三日に埋葬されることになった。葬列は、七ツ時（午前四時頃）江戸城坂下門を出て徳川宗家の菩提寺である芝の増上寺を目指して進んでいる。(41) 幕府は、江戸の町名主へ「御出棺御当日御道筋最寄ハ勿論、御曲輪近辺町々朝ゟ木戸相立、往来為致可申候」と達した。木戸を立てるのはいうまでもなく目隠しのためであり、家茂の棺が通行する際に人目にふれることを避けようとしたものである。町年寄役所からは、江戸市中へ「公方様御棺槨増上寺江被為入候間、町中之者共他出不致、火之用心之義取分入念、名主共支配之場所切之見廻り、家主共自分屋鋪裏々迄度々相廻り、無油断可申付候、尤御通棺之節奉候儀、男女共不罷成候間、一切罷出申間敷事」と一切の外出を控えるように触れられた。(42) 将軍の葬儀は、市民と隔絶された空間で営まれたことがよくわかる。

家茂の葬儀には、外部からの遮断をよく示すエピソードがある。葬儀当日、イギリス公使館通弁官シーボルト、士官ブラッドショウは、「御通棺御行列拝見いたし度」と愛宕山に登って家茂の葬列を見学しようとした。これに対して、幕府が「御国法於て決而難成筋ニ有之」と拒否して両名の

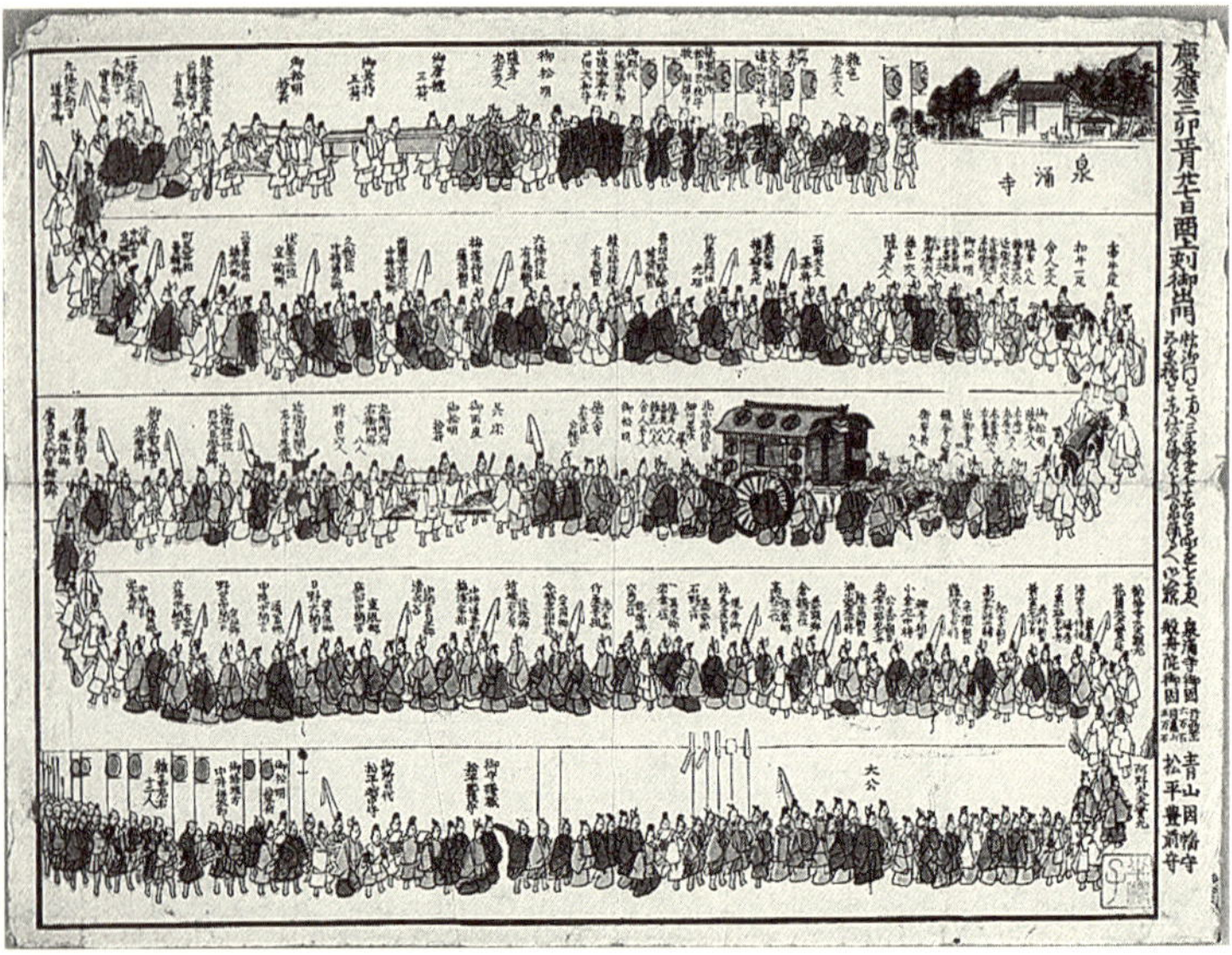

図2　孝明天皇葬列の図
（東京大学大学院情報学環・学際情報学府図書室蔵小野秀雄コレクション）

通行を拒んだ所、「憤怒之体ニ而短筒を以て威し懸ケ」てきた。この件について、幕府はイギリス側に抗議を申し入れ、結果的に問題には発展しなかったが、一時両者の間に緊張がはしった。[43]かかる一件は、将軍の葬儀の見世物化を抑止しようとする幕府の態度を象徴するものである。

　このような、隠匿される死の様相は将軍だけでなく天皇の場合でも同様である。弘化三年（一八四六）正月二十六日に死去した仁孝天皇の葬儀は、二月十四日に仏式にて行われた。夜中半刻過ぎ（午後五時頃）より数刻が経過し、日が沈んだ頃に葬列は御所を出立している。埋葬地である泉涌寺《せんにゅうじ》へ葬列は向かった。この葬列には、棺を送る五摂家をはじめ公家が参列している。この葬儀で特徴的なのは、夜間に執行されている点であり、一般の視線から天皇の死が遠ざけられた様子がうかがえる。慶応三年（一八六七）正月二十七日に執行された孝明天皇の葬儀でもそれは変わらない。葬列は、御所の蛤《はまぐり》御門出て北へと進行し、「仮御門烏丸ヲ三条京極通五条伏見街道」を経て泉涌寺にいたった。この葬列には、公家に加えて徳川慶喜、松平容保《かたもり》（京都守護職）、松平定敬《さだあき》（京都所司代）など幕府からも相応の顔ぶれが参加している。[44] 慶喜は、十三日に容保、定敬、老中板倉勝静らを従えて参内。霊柩を拝して焼香した。葬列は、戌半刻という夜分に五條橋を通行し、酉半刻に出門、亥半刻にいたって泉涌寺に入っている。[45] 孝明天皇の葬列は、図2のように刷り物でその模様が伝えられたが、近代の大喪儀のように不特定多数の見物客を動員したものではなかった。明治天皇の大喪儀も夜間に行われているものの、図3のように多数の観衆が存在する。これは、大正天皇・昭和天皇でも同様である。

図3　明治天皇葬列の写真（大喪使編『明治天皇大喪儀写真帖』審美書院、1912 年より転載）

かように、江戸時代の権力・権威をもつ人物の葬儀は視線を排除しようとする方向性を有したが、近代の葬列はむしろ第三者の視線にさらされることを前提に構成されていった。天皇だけでなく、それは「功臣」の葬儀でも同じである。広沢の葬列は、そうした道程のうち最初期の状況を示すものだと位置づけられよう。

四　山口における慰霊行為

広沢真臣の葬儀は、東京にて営まれ、青松寺に埋葬されたが、出身地である山口藩においても慰霊行為が行われ、墓地も設けられた。広沢の悲報が実家である柏村家に到達したのは、明治四年（一八七一）正月二十一日のことである。同日朝九時、広沢に随従して東京に上っていた藤井善之助が山口へ帰着し、真臣が暗殺により落命したことを広沢の兄で山口藩権大参事である柏村数馬へ伝えた。柏村は、山口在住の近親者である波多野藤兵衛、真鍋藤三、石川親助へ連絡を取り、波多野と真鍋へは急ぎ柏村の元へ来るように報知した。柏村は、ほかの親類や知人にも悲報を知らせ、同日中に在京中の広沢健三に替わって山口藩庁へも在京中の弟が暗殺されたことを届け出た(46)。

柏村は、二十三日に藤井善之助に、波多野藤兵衛、真鍋藤三、石川親助と連名で書簡を渡している。これは、藤井が帰京するに際して広沢健三に届けることを目的とした書簡である。その内容は、暗殺を聞いて親族たちは驚き落胆していること、「朝廷御慰問贈位之廉々ニ御手厚被　仰付候」ことにより広沢家の「面目」が立って親族も慶んでいること、山口藩知事毛利元徳の代わりに近侍である笠原團蔵が上京して代拝することであった。藤井と笠原は翌二十四日に山口を出立した。侍従の差遣や贈位といったことは、天皇の名のもとに「功臣」を暗殺された政府の面子を守るだけでなく、遺族たちの体面を保証するものでもあったといえる。つまり、数々の恩賜は、広沢の生涯の終え方はまったく不当なものであり、彼は生前にしかるべき「功績」を残した、ということを公に表明する意味をもったとみなすことができよう。それは、暗殺行為を天皇の「思召」によってまったく否定したことを意味する。同日には、広沢の身辺整理にも着手されており、広沢の遺品の処分や妾カネとの手切金などについて検討されている。[47]

恩賜以外に注目されるのは、毛利家との関係であろう。毛利元徳から近侍が代拝で遣わされたことは、主体こそ違えど天皇が側近を差遣するのに類似した行為である。さらに、近侍が東京へ派遣されただけではなく、二十四日に毛利から健三へ「祭祀料」として金五十両・終身米六石が下されている。これも天皇からの祭粢料と同義のものといえるが、金員の下付を達する健三宛ての文書には山口藩の官印が捺されており、その意味においては藩としての「公」的な性格が強いものであったことがわかる。[48]

また、広沢の葬儀は山口藩下でも執行されている。二十四日に真鍋藤三と波多野藤兵衛は、「御内命有之致神葬式候付爰元も同様取行度」と東京と同じく山口でも「御内命」に基づき、神葬祭を行うことを願い出て許されている。[49]ここに、広沢の葬儀は東京と山口でそれぞれ催されることになった。次いで、真鍋と波多野は、次のような願書を藩へ提出している。

覚

故広沢兵助遺髪到着之上、泊瀬招魂場境内江致埋葬度奉存候間、右土地拝借被仰付被下候様奉願候、彼者倅健三儀留守中ニ付、拙者共不遁者故御願仕候間、此段宜様御沙汰可被下候、以上

正月

真鍋藤三
波多野藤兵衛(50)

この願いは藩に聞き届けられ、赤妻招魂場の一角に広沢の遺髪を埋葬するための土地が確保された。赤妻《あかづま》招魂場(赤妻神社)は、文久三年(一八六三)八月十八日の政変で長州に落ち(いわゆる七卿落ち)、同地で病死した錦小路頼徳《にしきこうじよりのり》の埋葬地である。葬儀ののち、元治元年(一八六四)七月三日には山頂に錦小路を祀る社が建てられ、毛利家により祭祀が営まれた。同地は、「勤王」の志なかばにして死亡したとされる錦小路の死を悼むために毛利家が創り出した空間であり、死因は違えど「朝廷向重職奉勤之央」(51)に不慮の最期を迎えた広沢を錦小路と重ね合わせることから選択されたのだと考えられる。山口における広沢の神葬祭は、明治四年正月二十八日に執行され、遺髪は二月八日の五十日祭の折に赤妻神社境内に埋葬された。喪主は、柏村が健三の代役として冠服の代わりに裃《かみしも》を

着用して務めた。赤妻神社の境内の一画には、現在も広沢が妻とともに祀られている(52)。

広沢は、東京だけでなく、山口でもこのような追悼・葬儀が行われた。それは、毛利家との主従関係において広沢の血縁者と藩を主体にして執行されたものであり、政府の意思が介在した東京での葬儀とは性質を異にするものであった。とはいえ、山口で執行された神式の葬儀などは、東京における政府の「御内命」に基づくものでありその影響が看取される。

小括

本章では、明治四年（一八七一）正月に暗殺された広沢真臣の死をめぐる動向を葬儀・追悼に着目して検討してきた。広沢の暗殺は政府にとって大きな衝撃を受けた一大事件であり、天皇の名をもって犯人の捜索が進められる一方で勅使の差遣や贈位、前例にない多額の祭粢料の下賜が行われた。これらは、天皇から「功臣」への哀悼行為と捉えられるが、葬儀は広沢家が主催する儀式として催された。

しかしながら、葬儀の様式や埋葬地については政府の意思が介入している。すなわち、葬儀の様式に神式が採用されたことや、埋葬地の選択については広沢家が政府の指示に沿う形で決定した。広沢の葬儀においてそうした政府の介入が生じたのは、暗殺という死因に起因すると考えられる。

政府は、葬儀を装飾することで暗殺を企てた反政府勢力を否定しようとする政治的メッセージを発信しようとしたのではなかろうか。

それは、葬列の場面に如実に表現されている。広沢の葬儀には、山口藩兵のほかに天皇の護衛兵たる御親兵が派遣されており、広沢宅から墓地である青松寺までの行列を飾った。御親兵が葬儀の列を護衛したことは、天皇が「功臣」の死を悼んでいることを伝えるものであり、暗殺犯を否定するメッセージを発することにつながった。つまり、広沢の葬列は、第三者の目を意識して構成されており、明治以後パレード化していく葬列の最初期のケースと位置づけられる。江戸時代の将軍や天皇の葬儀は、民衆から隔離された空間で営まれたものであったが、明治初期から徐々にみせることを前提とし、不特定多数の人びとを巻き込んだ葬儀の形態がつくられてゆく。この点については、のちの章でも詳しく取り上げたい。

広沢の死に対する追悼・葬儀は、出身地である山口藩でも近親者である柏村・真鍋・波多野家が毛利家と折衝しながら準備され、執行された。藩知事からは、代拝の使者が東京に送られて金員が下されている。山口で行われた葬儀は、東京での「御内意」を受けて神式で執行されることになった。埋葬地には、毛利家が錦小路頼徳を祀った赤妻招魂場の一角が選ばれ、「勤王」の途次で斃れた広沢を追悼する場とされた。

以上から、広沢の死には広沢の家（私）と政府、山口藩の三つの意思が絡み合っていたことがわかる。広沢の葬儀は、公葬と呼ぶには不完全であるが、明治以後の「功臣」の葬儀が私から公へと変遷してゆく中で表われた一つの形態と位置づけることができよう。また、広沢の死後、政府は広沢家を維持するためにいくつかの保護を行っている。(53)この点についても後章で言及するが、「功臣」の死後も当家を維持することは政府の面子にかけた重要事であり、特に暗殺された広沢や大久保利通の遺族には手厚い保証が与えられているのである。

註

（1）「公文録」明治四年・第百七十巻・辛未・広沢参議暗殺始末（一）（国立公文書館蔵、本館―二A―〇〇九―〇〇・公〇〇六二一一〇〇）、東京都編『東京市史稿』市街篇・第五一（東京都、一九六一年）、七六〇・七六一頁。
（2）前掲註（1）ほか三冊の簿冊にまとめられている。二冊目・三冊目は訊問書で構成されている。
（3）尾佐竹猛『明治秘史疑獄難獄』（一元社、一九二九年）。
（4）我妻榮ほか編『日本政治裁判史録』（第一法規出版、一九六八年）。
（5）田中時彦「広沢真臣暗殺事件の政治的背景」一～五（『東海大學紀要・政治経済学部』一五・一九・二二・二五、一九八三・八七・九〇・九三年）。
（6）「広沢真臣関係文書」（国立国会図書館憲政資料室蔵）、特に目録の「八〇　広沢真臣死去関係」を本稿では活用する。
（7）明治四年二月「薩摩・熊本他二藩意見書」（佐々木克ほか編『岩倉具視関係史料』思文閣出版、

二〇一二年）一八八頁。

（8）「公文録」明治四年・第百七十二巻・辛未・広沢参議暗殺始末（三）（請求番号本館―二A―〇〇九―〇〇・公〇〇六二三二一〇〇）。

（9）「公文録」明治四年・第百七十巻・辛未・広沢参議暗殺始末（一）。

（10）「広沢真臣関係文書」八〇―二。以下「日載」と略記する。同史料の末尾には「辛未四月廿四日清書石崎歸蔵」とある。

（11）「日載」明治四年正月八日条。

（12）『木戸孝允日記』明治四年正月二十二日条（覆刻版、東京大学出版会、一九六七年）。

（13）「日載」明治四年正月九日条。

（14）「日載」明治四年正月九日条。

（15）明治二年に政府は神葬地を東京府下に設けると達するなど神葬の奨励策を推し進めていた（「太政類典」第一編・慶応三年〜明治四年・第百三十五巻・教法・葬儀、国立公文書館蔵、請求番号本館―二A―〇〇九―〇〇・太〇〇一三五一〇〇）。広沢の葬儀が神式とされたのもその一環と位置づけられる。

（16）「日載」明治四年正月九日条。

（17）『太政官日誌』第一号、明治四年正月九日。

（18）「日載」明治四年正月九・十一日条。

（19）「日載」明治四年正月十日条。

（20）広沢真臣の遺骸は青松寺に埋葬されたが、一八八二年（明治十五）に松陰神社が創建されると、同社の境内に隣接した若林大夫山（現世田谷区若林）に改葬された。

（21）「日載」明治四年正月十日条。

（22）宮内庁編『明治天皇紀』第二、明治二年正月五日条（吉川弘文館、一九六九年）。

(23) 明治四年一月「真臣卿薨去葬祭一件録」(『広沢真臣関係文書』八〇—四)。
(24) 「日載」明治四年正月十一日条。
(25) 「真臣卿薨去葬祭一件録」。
(26) 「日載」明治四年正月十一日条。
(27) 「真臣卿薨去葬祭一件録」。
(28) 「職務進退・追賞抄録」(国立公文書館蔵、本館—二A—〇三一—〇九・職〇〇九一一〇〇)。
(29) 明治四年正月十日「木戸孝允宛井上馨書簡」(木戸孝允関係文書研究会編『木戸孝允関係文書』一〈東京大学出版会、二〇〇五年〉三五四・三五五頁)。
(30) 「真臣卿薨去葬祭一件録」。
(31) 「日載」明治四年正月十一日条。
(32) 「真臣卿薨去葬祭一件録」。
(33) 「薨去役始末弁概算」(『広沢真臣関係文書』八〇—二)。
(34) 此経啓介「明治時代の葬列とその社会的象徴性」(『日本大学芸術学部紀要』四〇、二〇〇四年)。
(35) 明治五年七月『新聞雑誌』第五三号。
(36) 明治五年「大日記　壬申六月　太政官之部　戊」(防衛省防衛研究所蔵、請求記号陸軍省—大日記—M五—六—二六)。
(37) 「太政類典」第二編・明治四年~明治十年・第二六八巻・教法二十・葬儀(請求番号本館—二A—〇〇九—〇〇・太〇〇四九二一〇〇)。
(38) 久米邦武編述・中野礼四郎校訂『鍋島直正公伝』(覆刻版、西日本文化協会、一九七三年)。
(39) 渡辺修二郎『阿部正弘事蹟』下(覆刻版、東京大学出版会、一九七八年)。
(40) 将軍の死と葬儀については、序章で紹介した江戸時代の死をめぐる文献のほかに、佐藤麻里「死を操作される将軍——近世後期将軍の「身体」から権力を考える——」(『史潮』五八、二〇〇一一年）など参照。
(41)「御書付並諸達」（国立公文書館蔵、請求番号一八〇―〇一〇六）。
(42)東京都編『東京市史稿』市街篇・四八（東京都、一九五九年）一四二・一四三頁。
(43)慶応二年九月二十四日「英国公使宛老中書簡」・「別手組出役頭取等申立書」（『大日本維新史料稿本』慶応二年九月二十四日条、東京大学史料編纂所蔵、丸善マイクロフィルム版）。
(44)宮内省先帝御事蹟取調掛編『孝明天皇紀』一（平安神宮、一九六七年）。
(45)「非蔵人詰日記」三四、慶応三年正月二十七日条（東京大学史料編纂所蔵、請求記号四一七三―一六〇）。
(46)「諸控」明治四年正月二十一日条（「広沢真臣関係文書」八〇―三）。
(47)「諸控」明治四年正月二十三・二十四日条。
(48)「長州藩達書」（「広沢真臣関係文書」八〇―一）、「諸控」明治四年正月二十四日条。
(49)「長州藩達書」。
(50)「長州藩達書」。
(51)「諸控」明治四年正月二十四日条。
(52)「諸控」明治四年正月二十七日、二月八日条。
(53)たとえば、広沢真臣に与えられていた賞典の返上を政府は許さず（「公文録」明治四年・第百七十巻・辛未・広沢参議暗殺始末（一））、広沢の死後に生まれた金次郎を一八七九年（明治十二）十二月に華族に列し、一八八四年七月には伯爵を授与している（「広沢兵助真臣履歴」〈毛利文庫、山口県文書館蔵、請求番号七三藩臣履歴一〇〉）。

第三章　大久保利通の准国葬

はじめに

一八七八年（明治十一）五月十四日の午前八時三十分頃、参議兼内務卿大久保利通は、麹町区紀尾井町にて石川県士族島田一郎ら六名の兇刃に斃れた。大久保が、赤坂仮皇居におかれていた太政官へ参朝する途中で起きた事件であった。明治政府の最高実力者であった大久保の死は、社会全体に大きな衝撃を与えた。

死後三日が経過した五月十七日、大久保の葬儀が盛大に執り行われ、遺骸は青山墓地に葬られた。勝田孫弥『大久保利通伝』は、「当時、未た国葬の制なかりしと雖も（中略）後の国葬の端を開きたるものなりき」と大久保の葬儀を評している。(1)勝田が記したように、当時法的に規定されていなかったとはいえ、大久保の葬儀は一八八三年（明治十六）七月二十五日の岩倉具視の国葬に先駆けて行われた国葬級の葬儀であった。国葬に准ずるかたちで執行された大久保の葬儀も、紀尾井事件について詳細な検討を行った遠矢浩規が概要を叙述してはいるものの、その詳細な実施過程や政治的役割を検討した研究は管見の限り見当たらない。(2)

本章では日本における国葬の端緒を開いたとされる大久保の葬儀をとりあげ、その執行過程の詳細を「贈右大臣正二位大久保利通葬送略記　乾・坤」(3)などの史料から明らかにする。その上で、当該期の社会情勢を踏まえて、「功臣」である大久保の葬儀が有する意義を検討したい。

一　死亡直後の状況

一八七八年（明治十一）五月十四日に大久保利通が暗殺されると、大久保遭難・死亡の知らせは、直ちに関係者へ伝達された。この日は一日中、政府関係者・薩摩藩出身者が、弔問・事態処理のために麹町区三年町三番地の大久保邸へ殺到した。

太政官からは、少書記官金井之恭《ゆきやす》・二等属手塚光栄・同川村正平が、内務省からは、権大書記官武井守正・権少書記官西村捨三・一等属遠藤達・二等属萩原友賢・御用掛五月女由澄・九等属牧野正雄らが大久保邸に駆け付けて「公私ニ関スル事務ヲ扱」った。陸軍中将西郷従道・一等侍補吉井友実・二等侍補髙崎正風《まさかぜ》・一等編輯官重野安繹《やすつぐ》・元老院大書記官本多親雄・大蔵省大書記官吉原重俊・同得能良介・工部少書記官中井弘ら薩摩藩関係者もぞくぞくと大久保邸へ集まっている。陸軍中将大山巌と海軍大輔川村純義《すみよし》は、陸・海軍省に出仕している大久保の親戚や薩摩藩出身者と相談して「御届書及ヒ葬儀営繕向諸賄等ノ事ヲ夫々分任負担」した(4)。参議兼工部卿伊藤博文、左大臣有栖川宮熾仁親王、開拓長官東久世通禧《みちとみ》らも次第に参集して「後事ヲ議」した(5)。この大久保邸における談議で、葬儀は十七日に神式で執行されることが決定している。また、経済研究を目的としてロンドンに滞在していた参議井上馨には、帰国命令を出すことになった(6)。

宮内省からは、侍医伊藤方正・二等侍医岩佐純・医員岩井克俊が派遣された。彼らは、大久保と巻き添えにあって斬殺された馭者中村太郎の死亡診断書を作成し、遺骸の傷口を縫合した。御料馬の管理をしていた御厩の馬医も同行し、大久保遭難時に重傷を負った馬の手当も施された（後日死亡）。大久保邸の居間に寝かされていた遺骸は、全身に刀傷があるものの顔色は「平時ニ変ラ」なかったという。それを一見した中井弘は、「悲惨ノ情胸ニ満チ」、伊藤博文は「殊ノ外涙ヲ流シ」て大久保の死を歎いた(7)。死亡診断書の作成後、大久保の長男大久保利和《としなか》の名前で、太政官・内務省・警視本署・第二大区二小区へ死亡届および葬儀の日時・葬場が報告された(8)。当時三十六歳であった妻満壽《ます》との間の子（養子を含む）は、利和が弱冠十八歳で次男牧野是利《これとし》（牧野是儀養子、伸顕、十六歳）のほか兄弟は就学中であり、死亡に関する諸手続はすべて政府関係者に委ねられた。さらに、大久保の「御用書類幷手許ノ品物」は、参議兼開拓使長官黒田清隆と金井之恭、権少警視石原近義の立ち会いのもと、「悉皆取調封印致シ、石原近義ヨリ家来へ相預ケ」た。(9)

明治天皇は、一等侍補元田永孚《ながざね》の進講を受けている最中に大久保遭難の一報を得て「大ニ驚嘆」し、十二時三十分頃、安否うかがいのために侍従富小路敬直を勅使として大久保邸へ差遣した。同様に、皇太后・皇后からも宮内大書記官堤正誼《まさよし》が使者に立てられている。勅使たちが、大久保邸を訪れると両者へ西郷従道と大山巌が大久保絶命を告げた。大久保の死亡を知った天皇は、「龍眼ニ御涙を浮へさせ」ひどく悲しんだという。天皇は料理五重・干菓子・取肴・切飯を、皇太后・皇后は干菓子四重を大久保家へ下賜し、弔問の勅使として改めて宮内卿徳大寺実則を遣した。(10)

葬儀に関する手配は速やかに進められた。陣頭指揮には、西郷従道・大山巌と翌十五日に大久保の後継者として内務卿に就任した伊藤が立った。(11) 日枝神社祠掌の千勝興文が大久保邸へ招聘され、斎主・副斎主・伶人の選定などについて話し合われた。この結果、斎主には権大教正で氷川神社大宮司兼日枝神社祠官の平山省斎が選ばれている。早速、平山と西郷らは、ほかの神官を交えて「葬儀万端」について相談した。墓地は、青山墓地第一番墓地に決定し、担当となった宮内省雑掌鎌田幸吉が同所を買い上げ、葬儀が済むまで管理することになった。墓地の面積は縦十五間三尺、横九間二尺でおよそ一四五坪である。葬穴・墓所営繕に関する事務は、大蔵四等属斎藤良和が担当した。また、墓誌撰文のために太政官から大久保の履歴書を借用し、葬儀に必要な馬車十五輌の調達を太

政官・内務省などに依頼した。(12)

つづいて、大久保の葬儀の日程が関係者へ通知された。通知状は、吉井友実の名前で出され、勅任官に一通ずつ届けられた。皇族・大臣には家令へ、奏任官には諸省使書記官へ、麝香間祇候には宮内書記官へ、華族には部理惣代壬生基修へそれぞれ通知状を送って周知を依頼した。大久保の旧主家である島津家へは、右とは別に家令へ通知状を出している。外国人への通知は、吉井らは「何レニモ不馴」であったため外務省へ依頼した。ところが、外務卿の名前をもって各国公使へ大久保の死亡を知らせることは可能であるが、「葬儀等ノ義外務省ヨリ通知候テハ不都合」と外務省から返答され、結局葬儀に関する連絡は大久保家が行うことになった。これを受けて十五日付で大久保家から、英・仏・米・伊・独・西・蘭・露・澳・清の特命全権公使・副使・書記官・訳官などに葬儀の日取りが通知されている。生前大久保と特別親交が深かった、リゼンドル（米）、ボアソナード（仏）、ピートマン（英）、ベール（独）、ハウス（米）へは個別に書状が発送された。(13)外務省からも死亡通知は送付されており、「天皇陛下ハ勿論閣下全国ノ哀痛ヲ挙ケタルニ付、拙者ノ至高ナル政府ノ殊ニ怨嘆ノ心衷ヲ閣下へ爰ニ申上候」といった類の内容の弔文が、各国公使から外務卿寺島宗則の元へ届けられた。(14)大久保のような政府首脳の死と葬儀は、外国交際の面でも重要であったことが看取できよう。通知を受けて弔問に訪れる客に備えて、内務省から等外吏二人・給仕三人・小遣十五人が大久保邸に詰めて「日々助合」った。玄関取次は概ね等外吏が、夜間詰は小遣三名から五

名程度が交代で担当している。(15)

右のように、大久保死亡直後から事態の処理・葬儀の手配が急ながらも迅速に開始された。十四日は、「大久保事務所」に集った人びとにとって「甚タ煩雑ヲ極候」一日となった。(16) 次節以降で、葬儀の具体的な準備・実施過程をみていこう。

二　葬儀の準備

紀尾井事件発生の翌日である一八七八年(明治十一)五月十五日からは、さらに本格的な葬儀の準備が進められた。事務の分担は、表5の通りである。葬儀事務担当者は、薩摩藩関係者および内務省・太政官の官員で構成されている。特に、死亡時の大久保が内務卿であったことから、内務省の官員が多く駆り出されている。「葬送略記　坤」には「一々不記」とされており実数はわからないが、ここに記載されていない多くの内務省の奏任官・判任官も交代で事務作業を手伝った。(17)

表5　主な葬儀準備事務分担

担当者	担当事務	職	出身県
伊藤博文	葬儀全般仕切	参議兼内務卿	山口
西郷従道	葬儀全般仕切	陸軍中将	鹿児島

大山巌	外国人応接、葬儀全般仕切、二日間事務所詰	陸軍中将	鹿児島
黒田清隆	墓地ニテ勅使皇族大臣参議送迎掛	参議兼開拓使長官	鹿児島
吉井友実	墓地ニテ勅使皇族大臣参議送迎掛	一等侍補	鹿児島
岸良兼養	墓地ニテ勅使皇族大臣参議送迎掛	司法省検事局検事長兼同大審院検事局長	鹿児島
金井之恭	事務取扱、五日間事務所詰	太政少書記官	群馬
手塚光栄	事務取扱、当日事務所掛、五日間事務所詰	太政官二等属	東京
川村正平	事務取扱、葬儀行列掛、葬具注文受取物検印掛、当日事務所掛、五日間事務所詰	太政官二等属	静岡
遠藤達	事務取扱、五日間事務所詰	内務一等属	福島
萩原友賢	事務取扱、葬儀行列掛、五日間事務所詰	内務二等属	山梨
五月女由澄	事務取扱、葬儀行列掛、四日間事務所詰	内務省御用掛	―
本多足国	事務別段取扱、祭事掛、墓地ニテ勅奏任官華族応接掛	太政官四等属	東京
木場清正	事務別段取扱	宮内三等属兼同一級掌典補	鹿児島
高崎正風	祭事掛、墓地ニテ勅奏任官華族応接掛	一等侍補兼同皇后宮亮	鹿児島
重野安繹	祭事掛、墓地ニテ勅奏任官華族応接掛	太政官修史館一等編修官	鹿児島
田尻賢信	賄方掛、会計掛	内務八等属	鹿児島
石原近義	賄方掛、会計掛	内務省警視局権少警視	鹿児島
石原近昌	賄方掛、会計掛	―	鹿児島
吉原重俊	外国人応接	太政官大書記官兼大蔵大書記官兼同租税局長兼同関税局長兼地租改正事務局四等出仕	鹿児島

折田平内	外国人応接、二日間事務所詰	開拓使少書記官	鹿児島
中井弘	弁当菓子注文請持	工部省倉庫局長兼同少書記官	鹿児島
鎌田幸吉	墓地ノ儀諸事引受	宮内省雑掌	鹿児島
斎藤良知	墓地建設物諸事引受	大蔵四等属	―
関長膺	当日事務所掛	内務六等属	兵庫
坂田厚久	当日事務所掛	―	―
早瀬則敏	当日事務所掛、三日間事務所詰	内務二等属	東京
竹下種智	当日事務所掛、三日間事務所詰	内務四等属	鹿児島
武井守正	四日間事務所詰	内務省会計局長兼同権大書記官	兵庫
西村捨三	二日間事務所詰	内務権少書記官	滋賀
後藤敬臣	二日間事務所詰	内務三等属	山口
山内信実	二日間事務所詰	内務四等属	福岡
浅沼介郎	二日間事務所詰	内務省御用掛准判	東京
西村義道	中村太郎ノ葬儀ニ添フ	内務七等属	三重
牧野雅雄	四日間事務所詰	内務九等属	岐阜
吉田市十郎	三日間事務所詰	内務省御用掛准判	三重
内務省等外吏	来訪人名刺取集		

※「贈右大臣正二位大久保利通葬送略記　乾・坤」、小室正紀ほか編著『資料官員録――彦根貞編『改正官員録』明治十一年十二月二十四日御届・明治十二年一月七日出版――』（慶應義塾経済学会、二〇〇四年）から作成。

次に、具体的な準備項目と経費を一覧化すると表6・表7のようになる。弁当の数から、約二〇〇〇人以上の参列者を見込んでいたことがわかる。葬列に必要な馬車や参列者用の椅子は、方々からかき集めており、準備のあわただしさが伝わってくる。大久保の遺骸は、蓋石に「贈正二位大久保利通遺骸ト彫刻」されている石櫃に納められ、その石櫃は檜の外棺に、外棺は桐製・硝子板付の「肌付棺」に収納されることになった。大久保の棺を埋葬すべく、青山墓地の埋葬地には縦十八尺・横十五尺・深さ十六尺の墓穴が掘られ、その東側には馭者中村太郎の墓穴が設けられた。死亡した馬の塚も、大久保の墓地の真後ろに作られ、中村太郎の葬儀は、大久保の葬儀と同じ日の十七日に行われることになった。(18)

表6　葬儀の準備項目

番号	準備項目	内容
1	斎官頼入ノ事	千勝興文に相談の上、斎主平山省斎・副斎主本居豊頴ほか六名の斎官を決定
2	伶人頼入ノ事	斎官の選定で宮内省式部寮二等伶人東儀頼玄ほか十一名を決定
3	諸官員并朋友知己へ為知ノ事	吉井友実の名前で大久保家から通知
4	外国公使領事書記官へ通知ノ事	
5	埋葬地の事	鎌田幸吉が青山墓地一番墓地を買い上げ
6	仮建物喪屋幄舎等ノ事	墓地：祭場一棟・控所二棟・請付所一棟・仮上屋一棟・見張一棟・仮屋一棟、大久保邸：仮建物四棟
7	葬式日限ノ事	一八七八年五月十七日に決定

8	棺槨注文ノ事	神具司高田茂・河本久造へ依頼
9	葬具一式注文ノ事	
10	白衣并白張ノ事	
11	弁当其外賄向等ノ事	葬儀当日の墓地用弁当は菓子折一〇〇〇個・赤飯一〇〇〇個、十五～十七日までの事務所用弁当などを用意
12	近葬有之方ヨリ記録借用ノ事	一八七六年五月三十一日の華頂宮博経親王の葬儀時の記録を調査
13	葬式行列立等ノ事	祭官と協議
14	営繕向并仮建物等ノ事	斎藤良和が担当、番号6参照
15	墓穴ノ事	斎藤良和が担当、大久保利通・中村太郎・馬の分三か所
16	会葬人控所ノ為墓地人家借入ノ事	勅使・皇族・大臣・参議一軒、奏任官・華族一軒、外国公使以下一軒、家族親類一軒
17	馬車借入ノ事	喪主一輌・斎主一輌・副斎主一輌・伶人一輌・家族三輌・親族六輌の計二十六輌、宮内省から六輌・内務省から三輌・陸軍省から二輌・工部省から三輌・大蔵省から一輌・伊達宗城から一輌借用
18	椅子借入ノ事	太政官から一〇〇脚・内務省から五十脚・工部省から五十脚・開拓使から五十脚借用
19	幕借入ノ事	大蔵省から四十張・宮内省から二十張借用
20	建札用意ノ事	会葬任控所・馬車人車置所などに設置
21	儀仗兵墓地ノ控所ハ陸軍ヘ予テ可打合事	陸軍省と事前打ち合わせ
22	墓誌注文ノ事	長さ一尺・広さ四寸・厚さ五分目・方二貫八〇〇目の墓誌作成
23	斎官ノ乗馬ノ事別当ノ服同断	番号8～10参照
24	墓所番人ノ事	墓地の側に見張番所を設置

※「贈右大臣正二位大久保利通葬送略記　乾・坤」から作成。

表7　葬儀費用

	用途	細目	金額
1	墓所石櫃幷仮建物諸品職人手間料	岩代石、運送代、石工手間料など	一三四四円十六銭五厘
2	葬穴三か所墓所門幷垣根	墓穴三か所、西洋式門扉八枚など	一二〇円四十六円
3	葬式用諸具(河本久造へ支払分)	棺、桐カブセ蓋など	五〇九円三十三銭九厘
4	葬式用諸具(高田茂へ支払分)	墓標、神官用烏帽子、直垂、家族用直垂、喪主用喪服など	一一七七円九十三銭
5	邸内仮建物竹木笘大工鳶人足手間料車力代		二七〇円二十九銭
6	弁当幷膳部共宅詰之者差出候分一九七〇人分		七三八円八十銭
7	西洋酒十五箱		三五円十五銭
8	菓子折上等五〇〇個・中等五〇〇個・代幷青山迄車代		二〇〇円五十三銭
9	赤飯折一〇〇〇人前幷青山迄車代		九十七円
10	青物幷雑品小買物諸方往還人力車代		六十六円七十四銭二厘
11	墓地ニテ他ノ墳墓損所出来ニ付取繕ヒノ為メ区務所へ相渡候分		十四円八十三銭
12	太政官分局より青山迄椅子一〇〇脚運送往返車力代		六円五十銭
合計			四五六三円八十三銭二厘

※「贈右大臣正二位大久保利通葬送略記　坤」から作成。

葬儀費用は、「葬送略記　坤」には総額四五六三円八十三銭二厘とあるが、これにはあくまでも「費額ノ概算」とする注記があり、実際にはより多大な金額を消費されたと推察できる。『東京曙新聞』の記事によれば、葬儀費用は一万五〇〇〇円と推定算出されている。(19) 同新聞に載せられた額は、やや誇張されていると思われるが、いずれにせよ莫大な費用が国庫から供出された。

このほかに、葬儀の準備の過程では、参列者の服装に関する議論が注目される。外国における国葬の際の服装を調査した伊藤博文は、十五日に西郷従道と大山巌へ宛てて次のような書簡を出した。

葬儀掛リへモ此旨至急御通知奉願候

魯細亜伊太利亜ノ宰相薨去之節葬式之都合両公使問合候処、文武官共必大礼服国葬ナリ着用左腕帽及ヒ剣ハ黒縮緬ヲ以包候由、尚英国之処聞合候処同国ニテハ文官通常国葬ヲ避ケ私葬ヲ好ミ候ニ付、大礼服不致着用趣、然シ同国之処公使不在中ニ而充分ニ取調行届兼候ニ付、明朝再応公使へ為聞合候筈ニ御座候、就テ熟考候処大久保公葬式之義ハ儀仗ヲ賜候上ハ国葬ニ相違無之、大礼服無論之事ト判定仕候、詳細者尚明朝承合候テ政府ヨリ諸省へ為心得相達可申候へ共大略御報申上候間、大礼服丈ケハ間違無之事ト御承知可被下候、乍去大礼服所持無之者葬式ニ列スルヲ不得ト云ノ意ニハ無之、此段モ為念併而申入置候、匆々拝具

五月十五日(20)

翌十六日、太政官書記官より各省の書記官へ大久保の葬儀に参列する者は、「大礼服着用襟紐手袋黒色ヲ用ユヘシ」という通達が出された。ただし、大礼服を所持していない者は、「上下黒色礼服着用不苦」とされている。さらに、手袋・襟飾り・手拭いなどはすべて黒色のものを用い、大礼服の左腕には二寸八分の腕章を巻き、賞牌・帽子は黒縮緬で包むように指示があった。[21]

伊藤が、国家儀礼上の最高礼装である大礼服の着用にこだわったのは、右の史料から読み取れるように大久保の葬儀＝国葬という認識が伊藤の根底にあったことによる。伊藤は、天皇や政府要人の警護・儀礼に従事する儀仗兵が天皇から下賜されたことを大久保の葬儀を国葬とする根拠としている。だが、儀仗兵は第一章で示したように大久保以前に執行された臣下の葬儀でも下賜された例がある。すでに、儀仗兵は「功臣」の葬儀には下賜される慣例となっており、伊藤は儀仗兵の下賜を国葬の根拠としながらも、国葬としての体裁整えるためには大礼服の着用が必要であると一見矛盾した意見を述べていることになる。ともあれ、ここから伊藤は大久保の葬儀とそれ以前の葬儀との間に差をつけようとしていたことが指摘できよう。

伊藤は、大礼服の着用に当たって諸外国に問い合わせていたようである。左は、ボアソナードにフランスの制度を問い合わせた際の答議書である。

私礼ノ節大礼服着用ノ義答議

仏国ニ於テハ公儀式ノ外、官服ヲ着用スルヲ禁スルノ明文アリトハ思ハレズ、但タ之ヲ用ヒサルハ一般ノ習慣トナリテ、常ニ之ヲ着用シタルコトナシ、若シ私ノ礼式ノ節文官ニシテ其大礼服ヲ用ヒ、法官又ハ教官等其制服ヲ着スルコトアルトキハ、自然世人ノ嗤笑ヲ免レサルベク、又或ハ狂者ト視ラル丶コトアラン、而シテ若シ其事館内ニ在ルトキハ人ノ笑ヲ受クルニ止ルベシト雖モ、其館外ニ出テ市街ニ在テ此奇体ヲ為ストキハ、其上官ヨリ告責懲戒ヲ受クルコトアルベシ、尤モ軍官ハ常ニ制服ヲ着用スルヲ得ベク、又鎮台府ノ現役アルトキハ必ス之ヲ着用セサルヲ得サルナリ、故ニ軍官ハ自ラ文官ヲ以例シ難シトス

一千八百七十八年五月二十五日

ボアソナード(22)

ボアソナードは、「私ノ礼式」において文官が大礼服を着用することはないとしており、明文化されたルールはないものの着用は「公儀式」に限定されるとの見解を述べている。これは、伊藤が大礼服の着用をもって公葬＝国葬と主張するには十分な論となったであろう。ただし、式部寮においては大久保の葬儀における服装はあくまでも緊急・臨時のものであり、今事例をもって以後の通例とすることを否定する見解が出されている。(23) 実際に、服装を含め国葬の初例となる岩倉具視の葬

儀時には結果的に、多くの点で大久保の時のそれが引き継がれたものの、国葬の制度について諸外国に改めて問い合わせており、服制に関しても再検討されたことがうかがえる。外国の制度の調査については、次節で再度扱いたい。

服装の件を含め、伊藤が国葬の体裁を整えることに執着したのは、国内だけではなく、外国の目を意識したためであったことはいうまでもない。外国の国葬の例をわざわざ調査していることが、それを証左していよう。実際に、大久保の死をめぐって、居留地新聞は暗殺の評価や葬儀の様子を細かに報道した。(24) 大久保の葬儀には、外国へ向けて「功臣」の遭難に対する日本政府の姿勢を発信する意図もあったのである。

ここまでみてきたように、大久保の葬儀の準備は死亡後三日の間に急ごしらえで行われた印象が強く、大久保死亡以前に、政府に国葬級の葬儀を実施するための準備があったとは考え難い。それは、葬儀の準備に当たって、一八七六年五月三十一日に行われた華頂宮博経《ひろつね》親王の葬儀記録を急いで調べ（表6参照）、参列者の服装について慌てて外国公使に問い合わせていることからも明らかである。では、そうした急な準備によって行われた葬儀の模様をみてゆくことにしよう。

三　葬儀の実施

前日も深夜まで準備作業に忙殺されていた葬儀の事務担当者は、執行当日の一八七八年（明治十一）五月十七日も早朝から大久保利通邸に参集して準備に取り掛かった。彼らは、式が始まる前に榊などの不足品を調達し、控所の設営などを行った。大久保邸の二階には勅使・皇族・大臣・参議・勅任官・麝香間祗候の控所が設けられ、一間ごとに建札で席が区分された。奏任官・判任官・地方官とそのほかの来客には大久保邸前庭の仮建物、元老院議官と「琉球人」には吉井友実宅、外国人には外務省通用門内に設置した建物がそれぞれ控所として用意された。内務省の判任官十五名は青山墓地へ直行し、墓地での儀式に備えている。

午前八時に、斎主平山省斎以下の神官および伶人が揃い、九時からまず中村太郎の発葬式が行われた。式を終えると十時に、青山墓地へ向けて発棺した。内務七等属西村義道と大久保家の従者がこれに付き添っている。次に、十一時から大久保の発葬式が催され、この間参会者へ弁当が供された。また、同時刻には宮内大書記官山岡鐵太郎から、玉串用立筒・玉串案三組が大久保邸へ届けられた。つづいて、太政官内務社寺局長兼同少書記官の櫻井能監《よしたか》が、大久保の不幸は「国ノ不幸」であるという趣旨の吊文を読み上げた。午後一時には、勅使の侍従西四辻公業と両皇后宮使者の山岡鐵太郎が一旦大久保邸に参向して、青山墓地へと向かい、墓地での祭礼時に玉串を墓前へ捧げた。

一時五十分には棺を輿に乗せ、行列が整列して大久保邸を出発した。発葬した直後から、大久保邸では撤去作業が開始されている。

葬列は、三年町の大久保邸表門より西側へ出て、虎ノ門を経過し、琴平宮前通りから工部省表門前を通過、赤坂田町七丁目から一丁目までを進んだ。そこから伝馬町通りを経て青山通りに入り、三時三十分頃、棺が青山墓地へ到着した。三十町（約三三〇〇メートル）程度の距離に一時間半以上の時間を要していることから葬列の規模が想像できよう。墓地に到着すると、祭事が大久保、中村の順で執り行われ、終了後「親戚打寄」せて棺が埋葬された。五時四十分頃から伶人をはじめとして、徐々に神官などが大久保邸に引き上げた。内務省の官吏は七時二十分に、斎主以下は八時に、墓地の責任者となっていた鎌田幸吉らは夜中に帰邸し、酒食が振る舞われた。八時三十分からは、神床において大久保・中村の霊祭が順番に執行され、終了後神官らは二十三日に十日祭を執行することを確認して帰宅した。最終的に、葬儀・埋葬に関する儀式のすべてが終わったのは九時三十分頃であった。(25)

大久保の葬儀に参列したのは、名刺を置いていった人物と、名刺は無いが明確に参列したと判明する人物を合計して、本邸に会したのが一〇九四名、墓地に会したのが七一九名であった。ただし、この記録には「名刺ヲ乞フ能ハサル者アリ、故脱漏スル者最モ多」くと注記があり、当初見込んでいた通り二〇〇〇名程度、あるいはそれ以上の人びとが参列したと考えられる。青山墓地に向かう葬列の警備には、陸軍大尉兼一等警視補川畑種長以下警部から警部試補まで一六〇名と巡査一三九六名が当たり、青山墓地にいたる道筋に配置された。厳重な警戒態勢が敷かれていたことがうかがえる。動員された儀仗兵は、歩兵第一連隊一三七〇名、野砲第一大隊一五三名、山砲第一大隊一四八名、騎兵第一大隊二一一名、工兵第一大隊一五四名、軽重兵一〇一名、楽隊約四十名で、合計約二〇〇〇名に及ぶ。儀仗兵は、前面と後面から縦隊になって棺を護送した。兵はいずれも銃を脇下に構えて行進し、軍旗には白紗が用いられた。楽隊の喇叭にも白紗が被せられ、音調を低くしてフランスの喇叭曲「オーシャン」が演奏された。発葬時には、伶人も奏楽を奏でた。葬列が大久保邸から出発して広場に差し掛かった時と、儀仗兵が退去する時にはそれぞれ十五発の弔砲が発せられた。(26)

以上のように、大久保の葬儀には多大なる費用と大人数を割いた演出が施されていた。馬車で葬列に参加した文部省修史局編纂官の依田学海《がっかい》は、「礼式の盛なること近代きくにまれなる所なりき」との感想を日記に記している。(27)そして、この葬儀には、多数の観衆が存在したことに言及しておかなければならない。『東京曙新聞』によれば「(葬列の)途中拝観の衆人は市街に立込み、墓地の四方を囲繞せり」という状況であったという。(28)大久保の葬儀には、故人の供養というだけではなく、みせる葬儀としての意味があった。殊にそれは葬列の場にみられる。壮大な葬列を衆目を集めて実行することで、大久保の死を関係者だけでなく不特定多数の観衆と共有したのである。この葬列は単なる葬列ではなく、パレード（示威的行進）としての意味を強くもって執行されたといえよう。

大久保の葬儀の葬列は、前年六月三十日に執行された木戸孝允（死亡時内閣顧問）の葬儀と比較しても圧倒的な規模であった。『東京日日新聞』は、木戸の葬儀の模様を次のように伝えている。

三十日に葬送の式を行わるるに、導師は西本願寺の門主大教正大谷光尊《こうそん》師にて、正午十二時島地黙雷・大洲鉄然《てつねん》・赤松連城《れんじょう》その他の僧侶五十人余柩を堤町の旅館に迎う、（中略）在西京の勅奏任官はいずれも来会せられ、午後一時堤町の旅館を出棺あり、儀仗兵として騎兵一小隊棺の左右を警護し四条橋通りを過ぎ、高台寺の庭前にて葬式を執行され、それより東山の霊山《りょうぜん》へ埋葬す(29)

木戸の葬儀は、本人が生前に依頼していたことにより、西本願寺二十一世法主大谷光尊が導師を務めた(30)。広沢真臣の葬儀にみられたように、政府は神葬祭を奨励していたが本人の遺志によっては仏式をまったく排除するというわけではなかったようである。

木戸と大久保の葬儀における規模の大小は、儀仗兵の多寡からも明白であろう。それでも右大臣岩倉具視は、木戸の死は「国家之不幸」と認識していたし(31)、宮内省輔杉孫七郎は、「葬式ハ実ニ堂々タル事ニテ死者之意ニも相叶可申」と、葬儀が木戸にふさわしいものであったと評価している(32)。

西南戦争の最中に京都で死去したという条件を勘案しても、木戸と大久保の葬儀には大きな規模の差異が生じている。その要因は死因、すなわち病死と暗殺の違いにあると思われる。次節でその点を論じよう。

四　葬儀の政治的意図

大久保利通を暗殺した島田一郎らは、現場ですぐさま捕縛され、七月に処刑された。しかし、政府は大久保暗殺がきっかけとなって全国の不平士族・自由民権派の反政府活動が活発化することを危惧した。

一八七八年（明治十一）五月十五日、地方官会議のため上京していた地方官へ、「肱股ノ臣ヲ失フヲ悼ム」との勅諭が出された。ここで、「治民ノ職ヲ尽」すように地方官へ命じ、連累者がいることを憂慮して石川県権令桐山純孝《じゅんこう》（同日県令に就任）には警戒を高め、「厳に偵察」を行うように命令した。(33)

またこの日、大久保の後継者として伊藤博文が内務卿に就任して国政の安定化が図られた。伊藤は、「専ラ大久保之遺志ヲ継き、大ニ奮発」した。(34)伊藤は、パリに駐在していた特任全権公使鮫島尚信と、パリ万国博覧会の事務副総裁として渡仏していた松方正義の両名へ宛てた六月十一日付の書簡のなかで、大久保暗殺から一か月弱の様子を振り返っている。伊藤は、大久保暗殺は伊藤にとって「真ニ夢ノ如」きことであったと述べ、「各地之人情ニも大ニ影響ヲ生シ、万一国家之禍乱是より生候」ことを懸念して、「内務之後任を拝命」したと自身の内務卿就任理由を説明した。特に「不穏之地方」として、鹿児島県と高知県をあげている。鹿児島県では前年に西南戦争が起き、高知県ではそれに乗じて立志社の林有造らが挙兵計画を企てたとされる事件があった。後者は、いわゆる立志社の獄である。伊藤は、鹿児島県は「可憂程之事ハ無之」とし、特に警戒したのは高知県であった(35)。実際に、高知県では板垣退助らが日々「密談集会」し、不穏な動きをとっていたという(36)。伊藤と類似する見解は、吉井友実が同じく松方へ宛てた書簡にもみられる。吉井は、高知県不平士族の「兵力はしれた」ものであるが、特に注意を払うべきなのは政府要人の暗殺だと書き送っている(37)。

これに対して政府は、天皇の「宸断《しんだん》」というかたちで大臣・参議が外出する際には騎兵の警護を付けた(38)。五代友厚は、「西南之所分も粗相付、土州云々も相片付候処より、警視ニ而も恐ク油断をなせし責任者不免」と事件以前の弛緩した状況を指摘している(39)。また、政府は事件に関する報道を規制し、斬奸状を掲載した『朝野新聞』を発行禁止に処した(40)。さらに、政府は「嫌疑有之候ものハ不残拘留」めて、立志社と連携したとの疑惑をもたれた陸奥宗光なども拘留した。こうした処置が功を奏したのか、「自然人心動揺も少なく」、事件の影響の波及も「意外ニ寡な」かった(41)。

大久保の葬儀が、国葬級で盛大に国内外の視線を意識して行われたのも、こうした政府関係者の状況認識と強い関連があると思われる。すなわち、大久保の葬儀は政治的意図をもって執行されたと考える。大久保の葬儀は、葬儀という空間において、天皇が哀しんでいる様子を視覚化し、島田一郎ら不平士族の所業を天皇の名のもとに完全否定する意味をもっていた。換言すれば、以後島田らにならう者は、天皇に逆する「賊」であることを葬儀によって具現化したのである。この点、事件翌日に天皇から大久保へ右大臣・正二位が贈られ、祭粢料五〇〇〇円（皇后・皇太后からは二〇〇〇円）が下賜されたのも同様の文脈で捉えられる。[42] その中でも、葬列は不特定多数の観衆を巻き込み、天皇・国民が大久保の死を共有して哀しむ空間として特別な役割を果たした。政府は、大久保の葬儀を国葬に准ずるかたちで執行することで、反政府分子への牽制とし、大久保の死によって政府が何ら揺らいでいないこと広く示したのである。前述したように、それは外国の視線を意識したものでもあった。こうした点から、病死であった木戸孝允とは異なり、みせることを意識した葬儀が営まれたと考えられる。

最後に大久保死亡後の、遺族の保護についてみておこう。大久保が、生前に多くの借金をつくり、遺族に多大な借財を残したことはよく知られている。大久保の机を整理した中井弘は、少額しか残っていない様子を確認して「侘赤貧洗ふが如し」と感じた。[43] かつ、前述したように大久保の長男利和は十八歳と若年で、ほかの兄弟も就学中であった。一八七八年五月十六日に、太政大臣三条実美は大久保家を心配して、「子息之面々将来之活計相立候様出格之恩典至当之事と存候」と岩倉具視へ申し入れ、「何とか御工夫」して、大久保・木戸両家の子息を華族に取り立てるように諮った。大久保家を危機的状況から救うための措置である。木戸家の場合は、家族が少なかったこともあり、死亡時にこの点は大きな問題にならなかったようである。また、東京府第三大区第三小区一番町一番地にあった木戸邸は、一八七七年十二月閑院宮家が京都から東京へ移転する際に二万円で買い上げられた。これにより、当面の木戸家の家計は維持されていたという。(44) 木戸家の場合は、没落を憂慮したというよりは、大久保と木戸の生前の立場を鑑みて、相対的に子息木戸正二郎の華族取立が浮上してきた。

岩倉は、この案に概ね同意した。しかし、黒田清隆は華族取立には異存無しとしながらも、別途大久保家へ賜金する計画には反対した。理由は、大久保より前に暗殺によって「国事に斃れ」た、横井平四郎・大村永敏・広沢真臣（それぞれ死亡時は参与・兵部大輔・参議）との公平性にあった。黒田は、「足下大久保のみを御目視にては公平たる処如何」と岩倉に疑問を投げかけている。(45) 賜金に関しては、暗殺されていない木戸は対象から除外されたようである。横井ら三名の場合には、祭粢料下賜などは大久保同様に実施されたが、遺族への手当は十分になされなかった。前節でみたように大久保死亡時点で確認出来る範囲では、広沢の後継である健三からの賞典の返還を政府が認めず、山口藩から終身米として六石が与えられている程度である。(46) 黒田の意見を聞いて、一時岩倉も「賜金之処即今は無之方却而可然か」と揺れる。だが結局は、参議・大臣の大方が大久保利和・木戸正二郎の華族取立と大久保家への賜金に賛同し、横井らの件は「他日御所置に而不遅」と判断された。[47]

かくして五月二十三日、大久保利和と木戸正二郎は、亡父の「勲功」により、「特旨」をもって華族に取り立てられることになった。[48] これに合わせて広沢金次郎も翌年華族に列せられている。また、大久保家へは三万円が下賜された。これは、宮内省からの申し入れで大蔵省が捻出したものである。[49] 下賜金によって、大久保が残した五代友厚への借金八〇〇〇円のうち五〇〇〇円と、税所篤への借金一五〇〇円が利和から返されたという。[50]

このように政府は、大久保の死後、大久保家の庇護に尽力した。国家の「功臣」である大久保利通の遺族の将来は、大久保家の「家」の問題というだけではなく、政府の体面にかかわる重要な問題だったのである。

小括

大久保利通の葬儀は、日本において初めて実施された国葬級の葬儀であった。葬儀執行の過程では、多くの人員が導入され、多大な国費が投入された。これは、それまでの「功臣」の葬儀と比べても、圧倒的な規模で行われた盛大なものであった。

だが、それほどの規模であったにもかかわらず、大久保の葬儀は暗殺から三日間で準備された葬儀であった。準備のために許された時間はわずかであったのに、伊藤博文ら政府首脳は国家儀式としての形式を整えようとした。その背景には、当該期の政治的・社会的状況に対する彼らの危機意識があった。すなわち、伊藤らは、不平士族・自由民権派といった反政府分子の活動が、大久保暗殺を機に活気づくことを危惧し、それを牽制する効果を葬儀に期待したのである。大久保の葬儀は、「功臣」を暗殺した島田一郎らを完全否定し、反政府分子を「賊」として断ずる意味をもったといえよう。

また、大久保の葬儀は葬儀参列者の内部だけで自己完結するのではなく、第三者にみせるための演出が各所に施されていた。その意図は、ことに葬列の場において如実に現れている。この葬儀は、大久保の死を歎き哀しむ天皇と民衆像を視覚化し、「功臣」の死を不特定多数の人びとが共有する空間として成立したのである。

第五章でとりあげるように、一八八三年（明治十六）の岩倉具視の葬儀時には、「服ハ無論大礼服ヲ可用、大礼服ニハ襟飾手套勿論黒色ヲ可用」と大久保の葬儀時の経験が生かされている。ほかにも、大久保の葬儀の際にはなかった「廃朝」や死刑の停止などが実施された。(51)その後、第二次大戦後の吉田茂まで国葬は繰り返し行われ、細部にわたる形式は徐々に整備・統一されてゆく。反面、国葬に託された具体的な政治上のねらいは、その時々の情勢によって変化した。たとえば、一九四三年（昭和十八）に行われた山本五十六の国葬などは、当該期の日本の国内状況を象徴していると思われる。しかしながら、国葬＝天皇と民衆が一人の「功臣」の不幸を歎く空間、という根本的な図式は、大久保の葬儀時に原型が成ったといえる。

註

（1）勝田孫弥『大久保利通伝』下（覆刻版、マツノ書店、二〇〇七年）、七八六頁。

（2）遠矢浩規『利通暗殺――紀尾井町事件の基礎的研究――』（行人社、一九八六年）。ほかに、此経啓助『明治人のお葬式』（現代書館、二〇〇一年）が大久保利通の葬儀にふれている。大久保の伝記・評伝は枚挙に暇がないが、葬儀について十分な分析は行われていない。前掲註（1）勝田『大久保利通伝』のほかに、毛利敏彦『大久保利通』（中公文庫、一九六九年）、佐々木克『大久保利通と明治維新』（吉川弘文館、一九九八年）、勝田政治『〈政事家〉大久保利通――近代日本の設計者――』（講談社、二〇〇三年）、笠原英彦『幕末維新の個性三　大久保利通』（吉川弘文館、二〇〇五年）、落合功『大久保利通――国権の道は経済から――』（日本経済評論社、二〇〇八年）などがある。

（3）「贈右大臣正二位大久保利通葬送略記 乾・坤」（国立公文書館蔵、請求番号本館―二A―〇三八―〇五・葬〇〇〇〇一一〇〇・〇〇〇〇二一〇〇）。以下、「葬送略記　乾」・「葬送略記　坤」とのみ記す。同史料は、前掲註（2）遠矢『利通暗殺』、『紀尾井町事件――武士の近代と地域社会――』（石川県立博物館企画展図録、一九九九年）にて一部紹介されている。同史料の末尾には、「今般ノ葬儀ニ関ル諸件ハ都テ記録可致ノ積、之ニ依テ右書類悉皆取纏、明後廿日ヨリ太政官中ニ於テ手塚光栄・川村正平両人ニテ可取調段決定」とあり、簿冊が作成された経緯がわかる。

（4）「葬送略記　乾」。
（5）『熾仁親王日記』一八七八年五月十四日条（覆刻版、東京大学出版会、一九七六年）、一八七八年六月付「松方正義・鮫島尚信宛中井弘書簡」（『大久保利通文書』九、覆刻版、東京大学出版会、一九八三年、四一一～四一四頁）、『東久世通禧日記』下巻、一八七八年五月十四日条（霞会館、一九九三年）。
（6）春畝公追頌会編『伊藤博文伝』中（覆刻版、原書房、一九七〇年）。
（7）前掲註（5）一八七八年六月付「松方正義・鮫島尚信宛中井弘書簡」。
（8）「公文録」明治十一年・第百四十八巻・明治十一年四月～五月・官員（国立公文書館蔵、本館―二A―〇一〇―〇〇・公〇二三九五一〇〇）。
（9）「葬送略記　乾」。
（10）「葬送略記　乾」、宮内庁編『明治天皇紀』第四、一八七八年五月十四日条（吉川弘文館、一九七〇年）、一八七八年七月九日付「松方正義宛吉井友実書簡」（『松方正義関係文書』九、大東文化大学東洋研究所、一九八三年、三〇七～三一〇頁）。
（11）前掲註（6）『伊藤博文伝』中。
（12）・（13）「葬送略記　乾」。
（14）外務省編『日本外交文書』一八七八年五月十七日条（日本国際連合協会、一九四九年、二二一～二二四頁）。
（15）・（16）「葬送略記　乾」。
（17）・（18）「葬送略記　坤」。
（19）『東京曙新聞』一八七八年五月十八日。
（20）一八七八年五月十五日付「西郷従道・大山巌宛伊藤博文書簡」（『大久保利通文書』九、覆刻版、東京大学出版会、三六四・三六五頁）。

(21)「葬送略記　坤」、『保古飛呂比　佐佐木高行日記』八、一八七八年五月十六日条（東京大学出版会、一九七六年）。なお、風見明『明治新政府の喪服改革』（雄山閣、二〇〇八年）が、大久保の葬儀と喪服に関する問題に言及しているほか、刑部芳則『洋服・散髪・脱刀――服制の明治維新――』（講談社選書メチエ、二〇一〇年）が服制史全体の中に位置づけている。

(22) 式部職「例規録」明治十一年、第十四号文書（宮内庁宮内公文書館蔵、識別番号六六五二）。同史料は刑部芳則氏にご教示いただいた。前掲註（21）刑部『洋服・散髪・脱刀』参照。

(23) 式部職「例規録」明治十一年、第十五号文書。

(24)『ロンドン・タイムズ』一八七八年五月十六日、『ジャパン・ガゼット』一八七八年五月十八日（国立国会図書館ほか蔵）など。

(25) 以上、「葬送略記　乾・坤」。

(26)「葬送略記　乾」。なお、服制同様に弔砲の発砲数についても、十五発か十九発かで議論していたことが同史料からわかる。

(27)『学海日録』一八七八年五月十七日条（岩波書店、一九九二年）。

(28)『東京曙新聞』一八七八年五月十八日。

(29)『東京日日新聞』一八七七年六月一日。

(30)「奥日次抄」一八七七年五月二十八日条（柱本瑞俊編『明如上人日記抄』前編、本願寺室内部、一九二七年）。同史料は辻岡健志氏にご教示いただいた。

(31) 一八七七年五月二十六日付「三条実美宛岩倉具視書簡」（『岩倉具視関係文書』七、覆刻版、東京大学出版会、一九六九年、六三・六四頁）。

(32) 一八七七年五月三十一日付「山田顕義宛杉孫七郎書簡」（『山田伯爵家文書』六、日本大学、一九九一年、二二三～二二四頁）。

(33)『明治天皇紀』第四、一八七八年五月十五日条。

(34) 前掲註(10)一八七八年七月九日付「松方正義宛吉井友実書簡」。
(35) 一八七八年六月十一日付「松方正義・鮫島尚信宛伊藤博文書簡」(『大久保利通文書』九、四〇七～四一〇頁)。
(36)『保古飛呂比　佐佐木高行日記』八、一八七八年五月十七日条。
(37) 前掲註(10)一八七八年七月九日付「松方正義宛吉井友実書簡」。
(38) 前掲註(35)一八七八年六月十一日付「松方正義・鮫島尚信宛伊藤博文書簡」。
(39) 一八七八年五月十六日「松方正義宛五代友厚書簡」(『大久保利通文書』九、四〇四～四〇七頁)。
(40)『東京曙新聞』一八七八年五月二十五日。
(41) 一八七八年六月十一日付「松方正義宛吉原重俊書簡」(『松方正義関係文書』九、二九五・二九六頁)。
(42)『明治天皇紀』四、一八七八年五月十五日条。
(43) 前掲註(5)一八七八年六月付「松方正義・鮫島尚信宛中井弘書簡」。
(44) 一八七八年五月十六日付「岩倉具視宛三条実美書簡」(『大久保利通文書』九、四〇二・四〇三頁)、「太政類典」第二編・第百十二巻・地方十八・土地処分五(国立公文書館蔵、請求番号本館―二A―〇〇九―〇〇・太〇〇三三四一〇〇)。
(45) 一八七八年五月二十日付「三条実美宛岩倉具視書簡」(『伊藤博文関係文書』三、塙書房、一九七五年、七八・七九頁)。
(46) 宮内庁編『明治天皇紀』第二、一八六九年正月五日条・同四年正月九日条(吉川弘文館、一九六九年)、「太政類典」第一編・第一巻・制度・詔勅・臨御親裁・禁令・布令掲示(国立公文書館蔵、請求番号本館―二A―〇〇九―〇〇・太〇〇〇〇一一〇〇)。
(47) 一八七八年五月二十一日付「伊藤博文宛岩倉具視書簡」(『伊藤博文関係文書』三、七九・八〇頁)。
(48)「太政類典・第三編・第二巻・制度・爵位」(請求番号本館―二A―〇〇九―〇〇・太〇〇六〇

六一〇〇)。

(49)「記録材料・議案簿」二(国立公文書館蔵、請求番号本館―二A―〇三五―〇二・紀〇〇六〇〇一〇〇)。

(50)前掲註(5)一八七八年六月付「松方正義・鮫島尚信宛中井弘書簡」。

(51)「岩倉贈太政大臣葬儀雑日記」(国立公文書館蔵、請求番号本館―二A―〇三八―〇五・葬〇〇〇〇七一〇〇)。

第四章　明治初期における皇族の葬儀
――静寛院宮の葬儀を中心に

はじめに

本書は、明治政府において政治的に重要な立場にあった人物の死を葬儀を中心にとりあげるものであるが、本章では比較対象として明治初年に国費をもって執行された葬儀、すなわち皇族の葬儀として行われた事例の中から孝明天皇の異母妹である静寛院宮の葬儀を取り上げてみたい。(1) 明治初期には、豊島岡《としまがおか》墓地が皇族の墓地に指定されるなど葬送・埋葬に関する制度は整えられつつあった。だが、臣下の葬儀と同じく皇室・皇族の葬儀についても確固たる規則が存在せず、その都度先例を参照しながら行われていた。

静寛院宮は、仁孝天皇第八皇女として弘化三年（一八四六）閏五月十日に誕生。生母は橋本経子。

文久元年（一八六一）四月十九日に内親王の宣下があり、諱を親子とした。その前年の万延元年（一八六〇）十月には将軍徳川家茂への降嫁を孝明天皇が勅許して文久元年十一月に江戸へ入った。家茂が、慶応二年（一八六六）七月二十日に若くして死去すると落飾して静寛院宮と称す。慶応四年の戊辰内乱を経て新政府が徳川幕府から政権を奪取したのちは、明治二年（一八六九）二月に上洛。静寛院宮の生活・身のまわりに関する事務取扱は宮内省の管轄となった。同四年六月二十四日には賄料一〇〇〇石、化粧料三〇〇石、上﨟以下の給録・扶持米二三八石、家令の俸禄二〇〇石、一八七三年七月三十一日には年金六八〇〇円と定められた。同年三月二十日に二品に叙され、翌七年には明治天皇の勧めもあって京都から東京の麻布市兵衛町に移住していたが、脚気を患い、箱根で療養中の一八七七年九月に他界した。七回忌の法要が催された一八八三年八月二十七日には、幕末期に徳川家・朝廷間の交渉に尽力した功績として一品に追贈されている。(2)

静寛院宮は、徳川家に降嫁した立場ながら、新政府には皇族として遇されている。葬儀には私的な要素も存在するものの実質的な運営は宮内省が取り仕切っており、費用は国費をもって賄われた。静寛院宮に関する研究は、文久期から江戸開城頃に集中しており、葬儀については新聞記事などから若干言及した文献はあるが、葬儀それ自体を主題とした研究は見当たらない。(3)本章では、宮内庁宮内公文書館が所蔵する「静寛院宮御葬儀録」(4)などを活用して静寛院宮の葬儀を実証的に跡づけたい。

一　静寛院宮の死去と葬儀の準備

静寛院宮は、一八七七年（明治十）九月二日に療養先の箱根塔ノ沢の旅館環翠楼にて衝心の発作が起こり、三十二歳の若さで病死した。療養のため同年八月七日に東京を発った静寛院宮は、十二日箱根湯本に入り、六等侍医船曳清修、一等薬剤生宮内広が付き添って脚気の治療に当たっていた。(5)八月十六日には明治天皇から三等侍医岩佐純が差遣されて更なる治療が施され、つづけて侍従堀河康隆も見舞いのため遣わされたが回復せず、八月二十九日に三等侍医池田謙齋、同月三十日に宮内大書記官山岡鐵太郎、九月一日に二等侍医伊東方成も派遣された。差遣された侍医たちは逐次容態を電報で東京へ伝えた。

九月二日午後五時二十五分に伊藤方成が発した電報ではいよいよ事態が切迫してきたことが報じられ、静寛院宮の生母橋本経子《つねこ》の出身である橋本家へ容態を伝えるよう依頼された。(6)そのわずか五分後の五時三十分にいたって、「宮御容体容易ナラザル」ことが伝達され、現地の山岡から宮内少輔杉孫七郎の箱根差遣の要請があり、即刻杉は出張した。結果的に、同日六時十分に静寛院宮は死去し、二日から三日にかけて宮内大書記官香川敬三《けいぞう》らが箱根に赴いた。(7)

静寛院宮の死は、同日付で太政官から発表され、三日間の歌舞音曲などの停止が布告された。(8)天皇・皇后・皇太后へも三日間他出を「御遠慮」するよう宮内卿徳大寺実則が申し入れ、この間は太政官へ天皇の臨御《りんぎょ》がないことが各方面へ通知された。大臣・参議をはじめ天皇の側近たちもこの間参朝停止となっている。(9) 諸外国の公使からは、「皇族親子内親王」の死を悼む弔辞が外務卿に宛てて続々と届けられた。(10) こうした手続きは、明治期以降の前例では臣下の場合には行われないもので、ほかの皇族が死去した時と同様である。また、中川学が述べるように、歌舞音曲の停止など近世における鳴物停止令と通ずる部分もある。(11) 公文では静寛院宮の死を「薨去」と表現しており、静寛院宮の死に対する処遇の一端がうかがい知れる。(12) 一方で、葬儀の取り扱いは徳川宗家が主として担当するように宮内省から通達された。三日、宮内省はイギリスに留学していた当主の徳川家達《いえさと》に替わって留守心得となっていた松平確堂《かくどう》と徳川家家令に出頭を命じ、「御葬祭於其家可取計」と達した。同じ日に宮内卿徳大寺実則は、太政大臣三條実美へ静寛院宮の葬儀の取り扱いを徳川家に命じたことを報告している。また、各宮家附・華族部長局などへも同様の内容が知らされた。(13) 喪主は、徳川家達の代理として松平確堂が務めることに決定した。

静寛院宮の遺骸は四日午後三時四十分に棺に納められ、五日に塔ノ沢を出発。馬車にて小田原・藤沢・戸塚・川崎を経て東京まで輸送された。棺には、杉孫七郎、香川敬三や静寛院宮御用掛小倉長季、家扶飯塚保明のほか宮内省の属官らが従い、六日午後二時三十分東京の邸に帰宅した。入京の際に川崎駅からは騎兵半小隊が護衛のため供奉し、親族や皇族、宮内省の勅奏任官らが麻布の邸に入った棺を迎えた。(14) 徳大寺実則は、同日太政大臣へ無事の着京を進達している。(15) 帰邸後、「御入棺後御式」が執行され、喪主の拝礼につづき、天皇・皇太后・皇后・桂宮淑《すみ》子《こ》内親王（静寛院宮異母妹）代拝（それぞれ徳大寺・典侍高倉寿子・同上・命婦堀川武子）、伏見宮貞愛親王ほか皇族拝礼・代拝、徳川慶喜代拝（徳川慶喜家家令）、天璋院代拝（徳川家老女）、宮内省勅任官・麝香間祇候拝礼、宮内省奏任官・宮家附および華族拝礼、奏任女官拝礼、宮内省判任官拝礼、判任女官並びに静寛院宮上﨟・中﨟以下（御目見以上家扶・家従）拝礼が行われた。また、九月八日には初七日の法要が行われている。[16]

「御入棺後御式」・初七日の法要・葬儀は、喪主となった徳川家の菩提寺で静寛院宮の夫徳川家茂が葬られている増上寺で行われることになり、儀式はすべて仏式で催された。静寛院宮の葬儀が増上寺にて行われたのは、夫家茂の側に葬られたい、との静寛院宮本人の希望によるとされる。[17] 死去した翌日の一八七七年九月三日には、静寛院宮の葬儀を徳川家にて取り扱うよう命じたとの宮内省からの達が増上寺に届いた。[18] 翌四日には宮内省から増上寺に出頭要請があり、五日増上寺は静寛院宮の葬儀執行命令の請書を宮内省へ提出している。[19] 遺骸が塔ノ沢を出立した九月五日には、宮内省から増上寺へ「法号撰定」するよう達せられ、翌日、増上寺住職・権大教正石井大宣から「静寛院宮二品内親王好誉和順貞恭大姉」と法号を撰定したとの回答があった。墓地は、増上寺境内の徳川家墓地と決定した。[20]

さらに同日、増上寺執事池田貞道・梁貫光より役者以下の「増上寺御法事掛」および導師以下

表8　静寛院宮御葬祭御用掛一覧

官等	氏名	担当
五等属	粟津職綱	庶務
八等属	青木行方	庶務
四等属	山本義方	内膳
七等属	安真成	内膳
二等属	白川勝文	内匠
八等属	木子清敬	内匠
二等属	水郡一正	調度
九等属	長江紀綱	調度
二等属	麻見義修	出納
七等属	広瀬春海	出納
二等属	小笠原武英	内廷
雑掌	中野義直	雑掌
雑掌	藤嶋広道	雑掌
雑掌	津田長持	雑掌
雑掌	岩崎為成	雑掌
三等属	川上鎮石	御厩
九等属	高木陸徳	御厩

※「静寛院宮御葬儀録」から作成。

「御殿御帰館法式」(「御入棺後御式」のこと)之参向僧侶」、「御殿勤番人員」の名簿が提出されている。[21] 一方で、死亡直後の九月三日に宮内省においても「静寛院宮御葬祭御用掛」が臨時に立ち上げられた。分担は、表7の通りである。宮内省の属官を中心に構成されており、庶務から食事準備、建造物の築造、物品の手配・管理、金銭の出納などを処理していたことがわかる。[22] 七日には葬儀を十三日に催すことが宮内省から太政大臣や徳川家・増上寺はじめ関係者に通達された。[23] 葬儀の参列範囲である皇族・大臣・参議・諸官省長次官・麝香間祇候・華族惣代には、麻布の静寛院宮邸への参集時刻や服装(「黒帽」・「黒之洋服」)が式部頭から通達されている。[24] 葬儀の主催者たる喪主は徳川家であるが事務処理の実務は宮内省で行われており、葬儀や墓の造営費などは「帝室御用度金」から支出された。[25] 一八七六年十一月に「帝室費」(帝室御用度)と「省費」(宮内省費)の区分が立てられたが、静寛院宮の葬儀に関する費用は前者から捻出されたことになる。[26] つまり、喪主を務めた徳川家からではなく天皇の親族として国費から葬儀の費用が支出されたのであり、静寛院宮の葬儀は実質的には公葬として営まれたといえる。

このほかに、葬儀や法要の際に奏楽を務める伶人や葬列に加わる儀仗兵の手配・調整が宮内省によって進められ、葬列の道筋や式次第なども順次決定された(27)。こうした一連の準備は、一八七六年六月八日に没した梅宮薫子《しげこ》内親王の先例を模倣して執行された。宮内省は、式部寮から「三品薫子内親王御葬祭記」を借用して調査を行っている。喪主が徳川家であること、葬儀が仏式で行われたことを除けば、葬儀の形式は皇族に準じて催されたと解せよう。

二　葬儀の執行と葬列

葬儀当日の一八七七年（明治十）九月十三日午前七時頃から御霊殿の装飾が行われ、八時には諸員が着床した。棺前法要が仏式で営まれ、天皇・皇太后・皇后はじめ皇族や徳川慶喜・天璋院などの代拝が行われている。また、天台宗・曹洞宗・浄土真宗・日蓮宗など静寛院宮とゆかりのある僧三十七名が宮内省に拝礼を願い出て特別に許可されている(28)。葬儀当日は、太政官は休暇扱いとなり(29)、宮内省の官員から葬儀の執行に必要な人員が駆り出された。「御墓所先着」、「宮邸墓所名刺受付」、「本省宿直」、「本省宿直外出勤」の配役が宮内官に割り当てられている(30)。

午前十一時に静寛院宮邸を出棺し、増上寺へ葬列が向かった(31)。奉送したのは、三條西季知《すえとも》はじめとする華族や各宮家からの使者、縁故者など一〇〇名以上であった。葬列の道筋は、麻布の静寛院宮邸から霊南坂を下り、葵坂新道―御堀端通―琴平町―愛宕―東京府病院を経て、増上寺の赤門から境内に入った。[32] 増上寺では多くの僧が棺を迎え、龕前堂《がんぜんどう》に遺体が安置されて葬送が営まれた。一連の儀式が終了後、棺が龕前堂から境内の徳川家墓地に移され、「御埋棺」が執り行われている。[33] 墓地は、亡夫である昭徳院（徳川家茂）廟の隣に築造され静寛院宮はここに埋葬されることになる。

静寛院宮の葬列には、多くの儀仗兵が供奉している。葬列に差し出されたのは、砲兵第一大隊（士官十名、下士二十四名、兵卒一五二名）、歩兵第三大隊（士官十四名、下士三十三名、兵卒六五六名、喇叭卒三十三名）、歩兵第四大隊（士官十二名、下士二十七名、兵卒四六三名、喇叭卒二十四名）、騎兵第一大隊（士官七名、下士十九名、騎卒九十四名）、楽長、楽次長以下四十五名、歩兵第二聯隊第二大隊第四中隊（士官二名、下士十三名、兵卒一五四名、喇叭卒十七名、医官一名、看病卒一名）、参謀官一名、合計で一八〇四名という規模であった。先にみた大久保利通の葬列の規模と比較して小規模になるとはいえ、皇族としての待遇が与えられた葬儀であることを示す大規模な葬列であったことが、人数からだけでも看取できる。

実際の葬列は、図4のようなものであった。親族や縁故者のほかに、大臣・参議をはじめ宮内卿以下の宮内省幹部、華族、麝香間祇候が参列しており、参列者の顔ぶれからも公葬としての要素が極めて強い葬儀であったとみなすことができる。静寛院宮の葬儀の場合、九月十日に宮内卿から太政大臣に宛てて「先規之通儀仗兵被差出度」と上申され、太政大臣から陸軍省・内務省に儀仗兵の

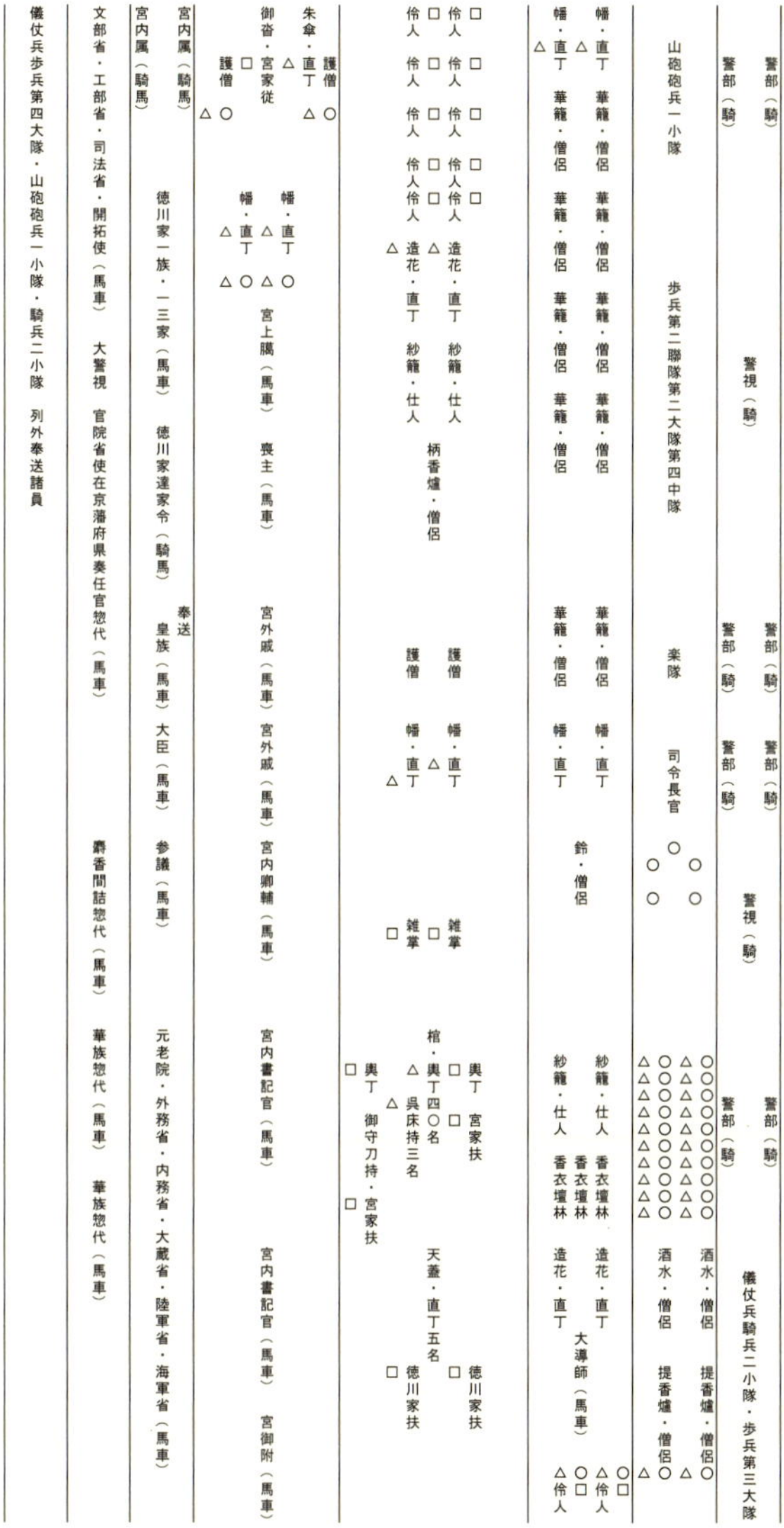
警部（騎）　警部（騎）　警部（騎）　警部（騎）
警視（騎）　警視（騎）　儀仗兵騎兵二小隊・歩兵第三大隊
警部（騎）　警部（騎）　警部（騎）　警部（騎）
山砲砲兵一小隊　歩兵第二聯隊第二大隊第四中隊　楽隊　司令長官
酒水・僧侶　提香爐・僧侶
酒水・僧侶　提香爐・僧侶
幡・直丁　華籠・僧侶　華籠・僧侶　華籠・僧侶　華籠・僧侶　華籠・僧侶　幡・直丁　紗籠・仕人　香衣壇林　造花・直丁　伶人
鈴・僧侶　香衣壇林　大導師（馬車）
幡・直丁　華籠・僧侶　華籠・僧侶　華籠・僧侶　華籠・僧侶　華籠・僧侶　幡・直丁　紗籠・仕人　香衣壇林　造花・直丁　伶人
伶人　伶人　伶人　伶人伶人　造花・直丁　紗籠・仕人　護僧　幡・直丁　雑掌　輿丁　宮家扶　徳川家扶
柄香爐・僧侶　棺・輿丁四〇名　天蓋・直丁五名
伶人　伶人　伶人　伶人伶人　造花・直丁　紗籠・仕人　護僧　幡・直丁　雑掌　呉床持三名　徳川家扶
輿丁　御守刀持・宮家扶
護僧　朱傘・直丁　幡・直丁
御沓・宮家従　宮上臈（馬車）　喪主（馬車）　宮外戚（馬車）　宮外戚（馬車）　宮内卿輔（馬車）　宮内書記官（馬車）　宮内書記官（馬車）　宮御附（馬車）
護僧　幡・直丁
宮内属（騎馬）　奉送
徳川家一族・一三家（馬車）　徳川家達家令（騎馬）　皇族（馬車）　大臣（馬車）　参議（馬車）　元老院・外務省・内務省・大蔵省・陸軍省・海軍省（馬車）
宮内属（騎馬）
文部省・工部省・司法省・開拓使（馬車）　大警視　官院省使在京藩府県奏任官惣代（馬車）　麝香間詰惣代（馬車）　華族惣代（馬車）　華族惣代（馬車）
儀仗兵歩兵第四大隊・山砲砲兵一小隊・騎兵二小隊　列外奉送諸員

図4　静寛院宮葬儀葬列の図（「葬」一から作成。図中○：高張提灯、□：白晒直垂、△白晒白張、白金巾単物。図は、右から前→後の順に示してある。）

差出を命ずる達があった。(34)「先規」とは、女性皇族の葬儀であり、前述した通り静寛院宮の葬儀に当たって先例調査の対象となった梅宮薫子内親王の葬儀だと推察される。しかしながら、前掲第一章の表4の通り、静寛院宮の葬列に出された儀仗兵はほかの皇族に比較して大規模となっている。

葬列の案は、宮内省庶務課常務掛で起案され、卿の決裁を経て決定された。(35)十二日には、東京鎮台から「儀仗兵差出方手続書」が宮内省に報告されている。図5は、葬列の道筋と儀仗兵の位置を示したもので左に掲げた「儀仗兵差出方手続書」とあわせてみることで葬列の様子がある程度復元できる。

十三日午前第十時（第一略図）(36)ノ如ク諸隊整列シ、発棺若干前時ニ司令長官「気ヲ着ケ」ノ号音ヲ為ス、其柩前ニ列スル諸隊ハ別紙順序ノ通リ漸次ニ行進ヲ始メ各隊其適宜ノ間隔ヲ保有スルヲ要ス

　但前砲兵ハ歩兵第三大隊行進ノ了ルヲ待チ、適宜ノ距離ヲ以テ行進ヲスベシ

其柩後ニ列スル各隊モ図面ノ地位ニ整列シ有リテ、一般供奉ノ通行終ルヲ見レバ適宜ノ距離ヲ以テ各行進ヲ始ムベシ、其御成門ヲ入リ、二天門ニ至レバ、司令長官「止レ」ノ号音ヲ為サシム、此ニ於テ柩前ノ各隊ハ（第二図）ノ位置ニ於テ各々整頓正面ヲ為シ、（《ママ》柩前ノ各隊ハイツレモ左翼先頭ヲ以テ行進シ、其侭整止スル時ハ地位ノ景況アルヲ以テ御廟処ニ正面ヲ為スニ適当

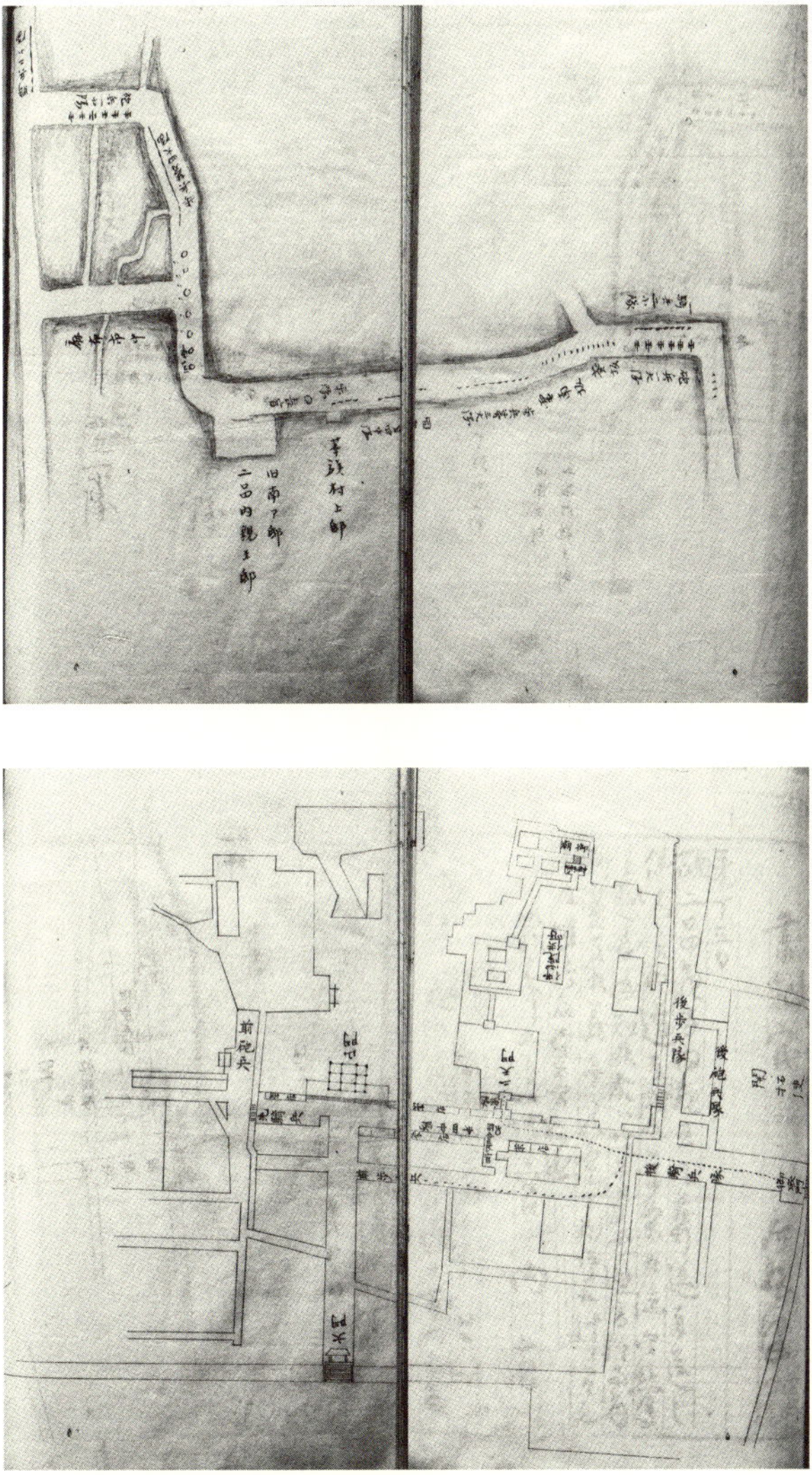

図5　静寛院宮の葬列道筋（「葬」一、第24号文書）

スベシ、柩前砲兵隊ハ尚進テ其位置ニ至リ、直ニ発射ノ準備ヲ為シ、司令長官ノ令ニ因リ二十一発ノ弔砲ヲ発スベシ、柩後ノ各隊モ各々別紙（第二図）ノ地位ニ至リ順序ニ整列シ、砲兵隊ハ後次発射ノ準備ヲ為シ置ベシ、司令長官「休メ」ノ号音ヲ為サシムレハ各隊ハ組メ銃ヲ為シ、各自午食ヲ喫ス、埋葬既ニ畢レバ柩后砲兵隊ハ司令長官ノ令ニ従ヒ二十一発ノ発射ヲ為スベシ、右畢レバ司令長官「別レ」ノ号音ヲ為サシムレバ各自退散、帰営スベシ(37)

「儀仗兵差出方手続書」と図5が含まれる薄冊の綴じ方は原状から文書の順序が錯簡していると推量されるが、文中の「別紙」に当たるのが図5上段の図、第二図が下段の図だと考えられる。この葬列も、大久保利通の場合と同様に一般の人びとの目にさらされながら行進したものであり、静寛院宮の死と政府を挙げての追悼を広く伝えるのに十分な規模・演出であったことが垣間見られよう。

葬列を目撃した人びとに実際にこれがどのように映ったのか、新聞記事から若干その模様が浮かんでくる。『東京日日新聞』は、「故二品内親王ノ尊骸ヲ三縁山増上寺ニ葬リ奉リケルヲ拝ミ参セテ、何ニシラヌ東ノ京童マデモ昔忍バレテ悲嘆ノ涙セキアヘヌコソ道理ナレ」と記事の冒頭で冒頭で述べ、柩の蓋石に彫刻されたとされる銘文を引用して静寛院宮の履歴を紹介し、次のようにつづけている。

嗚呼徳川氏ノ二百五十年ノ栄華ハ慶応ノ一夢ニ消テ跡ナク、将軍家ノ名残トテハ只此ノ内親王ノミゾ御座シケル程ニ、流石ニ東京ノ士民ハ懐旧ノ情ニ於テ最モ和宮様ハ静寛院宮様ハト蔭ナガラ大方ナラズ貴ミ奉リツルガ、夫サヘ今ハ鶴天上ニ翔テ九転ノ丹ヲ求メ難ク、人山頭ニ去テ空ク三更ノ夢ニ逝キ敢ナク成リ給ヒケルゾ果ナケレ、去リナガラ御遺言ニ従ヒテ、昭徳公ト廟塋ヲ同シウシ、御葬式モ将軍家ノ例ニ依ラセ給フヲ見レバ、是ナン所謂ル衛風ニハ首ニ共姜之貞ヲ著シ、春秋ニハ特ニ伯姫之卒ヲ書スルニ比シケレバ、獨リ故内親王ノ今ハノ思召ヲ遂ゲサセ玉フノミナラズ、東京ノ士民モ争デカ之ヲ喜ビ申サヾル事ヤアルベキ(38)

実際に、東京市民が静寛院宮に懐旧の情を抱いており、遺言通りに徳川家茂とともに葬られたとされる葬儀・埋葬から徳川時代を回顧したのかどうかは別として、葬列が多くの人びとの目に触れ、あるいは新聞で報道され、個人の死をさまざまに印象づけたことは確かであろう。

神式・仏式の別はさておき、葬儀の中でもとりわけ葬列の場面で衆目を集め、その視線を意識しながら行進が行われたという点では皇族の葬儀と大久保利通の国葬に準じた葬儀に何ら差はない。葬列の規模だけでいえば、大久保のそれは静寛院宮のものを凌ぐものであった。比較すると、大久保の葬儀に対する政府の力の入れようが明らかとなるであろう。

三　葬列の規模

静寛院宮の葬儀との比較材料として、静寛院宮以外の皇族の事例を取り上げておきたい。明治改元から静寛院宮の葬儀時までに死去した皇族は、夭逝・死産した明治天皇の皇子・皇女をはじめ各宮家の成人皇族も数名いた。ここでは、伏見宮邦家親王と華頂宮博経親王の死亡時の状況を簡単にみておきたい。

伏見宮邦家《くにいえ》親王は、光格天皇の猶子で明治五年（一八七二）八月五日午後八時三十分に死去した。明治改元以後における皇族の葬儀の事例としては最も早いケースの一つである。死去の翌日、歌舞音曲の三日間の停止が布告され、七日には祭粢料五〇〇円が下賜された。九日、侍従東園基愛を勅使として差遣、幣物・神饌品を下賜した。歌舞音曲の停止、祭粢料の下賜といったことは、静寛院宮の場合でも同じであったようにほかの皇族の例にも共通する。(39)

特殊なのは死亡地と埋葬地の距離が大きく離れている点である。邦家親王が死去したのは東京であったが、本人の遺言により京都相国寺《しょうこくじ》に葬られることに決定した。静寛院宮の例でもそうであるが、明治初期段階では皇族であっても画一的に規則に当てはめた葬儀を行うのではなく、本人の遺志に基づいた葬儀・埋葬が行われていた。十二日、霊柩は東京を発したが、移送に当たって天皇から近衛兵が儀仗兵として下賜された。(40) 儀仗兵は、小川町堀留の宮邸から品川までの道筋を護送している。この際の葬列は神道式で組まれ、品川駅には侍従北條氏恭《うじゆき》が見送りのために天皇から差遣された。二十五日、京都にて葬儀が営まれ、大掌典慈光寺有仲《ありなか》が差遣されて、幣物・神饌が改めて下賜されている。葬儀の際の葬列には、大阪鎮台の歩兵二大隊・騎兵一小隊が儀仗として霊柩を護衛し、弔砲を発した。(41)

華頂宮博経親王は、邦家親王第十二王子で徳川家茂の猶子であった人物である。博経親王は、かねてより患っていた肺の疾患が再発し、一八七六年（明治九）五月二十四日に二十五歳の若さで死去した。危篤の知らせが天皇に達すると直ちに侍従西四辻公業が差遣され、死去後は弔問のため侍従富小路敬直が遣わされ祭粢料五〇〇円が下賜された。(42)この日予定されていた午餐は中止されて、翌二十五日には三日間の歌舞音曲停止が布達されている。(43)葬儀は、三十一日に執行されることとなり、当日は式部権助橋本実梁《さねやな》が華頂宮邸に差遣され、神饌六台・幣帛が供せられた。この時、誄も告げられている。また、埋葬されることになる豊島岡墓地へは西四辻公業が遣わされた。葬列には、陸海軍から儀仗兵（歩兵・砲兵・楽隊）が下賜され、海軍省に令して弔砲の礼が行われている。(44)博経親王は、死亡時に海軍少将在任中であったことから軍人の葬儀としての礼も盛り込まれたものと考えられる。

これら二例を静寛院宮の葬儀と比較すると、歌舞音曲の停止、儀仗兵の下賜といった共通事項が見出せる一方で、葬儀当日の葬列の規模は静寛院宮の例と比して小規模であったといえる。というより、静寛院宮の葬列が前例に比較して特に大規模なものであったと言った方が正しいであろう。

一八七三年三月二十日に死去した閑院宮孝仁《たつひと》親王妃吉子および一八七五年七月九日に死去した有栖川宮幟仁《たかひと》親王妃広子の葬儀には歩兵第一大隊の儀仗兵が下賜されるにとどまっている（第一章表４参照）。静寛院宮の葬列が、ほかの皇族に比較して大規模であった理由について明らかにしうる史料を現状で見出せていないが、明治天皇の父である孝明天皇の異母妹であり、かつ徳川家に降嫁した静寛院宮の葬儀が東京で行われることを鑑みて特別な措置がなされたと想定されるほかに、第三章でみたような葬儀のパレード化ということが要因として考えられるであろう。明治初期から政府要人の死を不特定多数の衆人と共有するため葬列の場を中心に葬儀が演出がされていったことは既に述べたところであるが、その規模・範囲は次第に大きくなっていった。静寛院宮の葬列がとりわけ大規模であったのも、そうした葬儀のあり方の変遷に規定されるのではなかろうか。政府要人の葬儀が、私葬から公葬へと変遷するとともに、皇族の葬儀もより多くの範囲で共有されるべく演出されていったと考えたい。

四　遺物の分配

静寛院宮の葬儀に当たっては、一般の葬儀と同じように香奠や献品・献花があり霊前に供えられた。天皇からは、赤地錦二巻と金二〇〇円が下賜され、皇族や太政大臣三條実美・右大臣岩倉具視といった政府首脳、女官や静寛院宮附だった人物、縁故者などから届けられた金品が霊前に献備されている。[45] 一方で、満中陰（四十九日に相当する法要）の際には代金三円から五円相当の菓子が一折ずつ、もしくは「菓子料」として金員が皇族以下の関係者へ下賜された。[46] この費用は、静寛院宮の遺した財産の中から支出されたが天皇から下賜された金員もあった。

葬儀執行に当たって尽力した宮内官へは、表9のように天皇から下賜金が出されている。重要な

表9　葬儀尽力者への下賜

所属部局など	氏名	金
庶務課	田邊二等属	五円
	和田三等属	四円
	稲生十等属	三円
	林十等属	一円五十銭
	深山等外三等出仕	一円五十銭
	雇・原時行	四円
内匠課	樋口七等属	四円
	中島等外二等出仕	三円
	雇・川島兼松	五円
内膳課	岡田等外出仕	一円五十銭
	宍戸等外四等出仕	一円
内膳課	荒川等外三等出仕	一円五十銭
	雇・佐藤直忠	二円
直丁	林道賢	二円
	千代間禧康	一円五十銭
	檜垣貞家	三円
	小畑維詳	二円
	矢澤永四郎	三円
	大久保教之	一円
	近藤定義	三円
	今北一清	三円
御厩課馭者	桑島十六等出仕	一円五十銭

所属部局など	氏名	金
御厩課馭者	佐野十六等出仕	一円五十銭
	木村	一円五十銭
	矢野	一円五十銭
	竹村	一円五十銭
	土居	一円五十銭
	北村	一円五十銭
	片岡	一円五十銭
	京田等外一等出仕	一円
	岡等外一等出仕	一円
	石山等外一等出仕	一円
	久保等外一等出仕	一円
	林等外一等出仕	一円
	可児等外二等出仕	一円
	大村等外二等出仕	一円
	小高等外二等出仕	一円
	中野等外三等出仕	一円
	井関四等属	三円
	各等外一等出仕	二円五十銭

所属部局など	氏名	金
御厩課馭者	夫卒八人	二十五銭ずつ
	白川二等属	〇円
	谷村二等属	十円
	麻見二等属	十円
	小笠原二等属	十円
	粟津五等属	十円
	青木八等属	十円
	木子八等属	十円
	川上三等属	八円
	山本四等属	八円
	安七等属	八円
	廣瀬七等属	八円
	長江九等属	八円
	高木九等属	八円
	中野雑掌	八円
	藤嶌雑掌	八円
	津田雑掌	八円
	岩嵜雑掌	八円

※「葬」二、第三八号文書より作成。

のは、葬儀の事務を務めた宮内官への手当金としての意味を有するこの金員に関しては、静寛院宮の財産や喪主たる徳川家ではなく天皇からの下賜というかたちが採られたことであろう。天皇からの下賜金は、国家や皇室に何らかの「功労」があった者に下される金員であり、その意味から静寛院宮の葬儀は国家・皇室の行事として催される公葬として営まれたものと理解できよう。

他方で、それとは性格を異にする金品の下付もある。具体的には、静寛院宮の遺した財産・遺品が関係者へ下げ渡されている。静寛院宮の「御遺金」は死去した時点で二万円あり、そのうち一万八六五九円が関係者へ下付され、残金は葬儀・法要の諸雑費などに宛てられた。「御遺金」から直接金員が下付されたのは、「静寛院宮御続柄且御幼年ヨリ御世話」の者、上臈中山栄子・年寄田中絵島《えしま》以下の静寛院宮家中の人びとであった。[47] 家中の者たちへの下付には、「退職金」あるいは「失業手当」という意味もあったと考えられる。当然ではあるが、静寛院宮へ公費として支払われる賄料は翌年から停止され、[48] 家従・下部を含めると約三十名の人びとが失職したことになる。

これ以外に、「御遺金」のうちから静寛院宮の位牌が納められた皇室の「御寺」である泉涌寺に五〇〇〇円が「御尊牌」の「保護料」として奉納された。位牌のほかには、静寛院宮が泉涌寺の塔頭観音寺より借用していた観音像一体（三重厨子入・蘭奢体小片一包添）が返却され、返却にともなっては五十円が別に下付された。[49] 遺体は、徳川家茂が眠る増上寺に葬られたが、位牌は二基作成されて一基は増上寺に、一基は父仁孝天皇・異母兄孝明天皇の陵（後月輪陵・後月輪東山陵）がある泉涌寺に納められた。

遺物についても身近な人びとへ下された。徳川家が作成して静寛院宮の「御料」となっていた刀剣（肥前国吉次御太刀・美濃国寿命御刀・延寿国時御合口）は徳川家達へ返却された。この刀剣は、葬儀で調度品として使用されたものであった。「静寛院宮御着古御服類」は、上臈以下の静寛院宮に仕えていた女性たちに下付された。これらの服は、生前に奥向で使用された物で「他向へ差出し候儀相憚リ候」との判断から近しい人びとのみに下付されている。また、奥向で来客用に使用されていた調度品などが上臈たちに下げ渡された。

以上のように、遺物に関しては静寛院宮の生前の「御内意」があり生前側近くに仕えた人びとに分配された。(50) 公葬として営まれた葬儀の場面とは対照的に私的な要素が強い行為だと指摘できよう。本書の趣旨とはそれるのでここで触れるにとどめるが、政府要人や皇族の死をめぐっては政府によって公葬として演出された部分が前面に押し出される反面、近親者や側近・縁故者にとって私的な死のとらえ方があったことにも留意する必要があるであろう。

小括

本章では、皇族としての待遇をもって執行された静寛院宮の葬儀について具体的な過程をみてきた。静寛院宮の葬儀では、喪主には徳川家達の代理松平確堂が立てられ、名目上葬儀を取り仕切るよう命じられているが、実質的な事務は宮内省が取り扱い、費用も「帝室御用度金」から支出された。ほかの皇族の場合にも静寛院宮と同じように喪主は各家の親族が務めたが、実質的には宮内省が実務を担って公葬としての葬儀が執り行われている。臣下の国葬は、内閣において臨時に組織された委員が事務を所掌するのでこの点は皇族の葬儀とは異なる。これは、大喪儀を除く皇族の葬儀に関する記録が宮内省で作成・取得されて宮内公文書館に伝来し、(51)ほかの公葬（大喪・臣下の国葬）に関する文書が内閣にて収受され国立公文書館に伝来していることの理由である。

静寛院宮の葬儀における葬列をみるに、皇族の葬儀においても明治期以降視覚的な演出が施されていた。儀仗兵を加えた葬列は、非常に大規模なものであり、個人の死を人びとに印象づけ、天皇と第三者で皇族の死に対する哀悼が共有される場としての意味を有するようになったとみなすことができる。その反面で、縁故者や身近な人びとにとっての私的な死という側面も当然に存在しており、一人の人生の終着点として皇族の死を捉え返そうとする場合、そうした部分にも着目する必要がある。

ほかの皇族に比べて規模が大きかった静寛院宮の葬儀に比較しても、大久保利通の葬儀の方が人数・費用ともに盛大に催されている。政府が、大久保の葬儀を前例にないほどの例外的な規模で実施したことが、静寛院宮の葬儀と比較することによって、より鮮明に浮かび上がったのではなかろうか。

註

（1）葬儀に関する公文上は、親子内親王と表記されることもある。特に、死後「故二品親子内親王」の呼称が定着したかにみえ、静寛院宮の文字を訂正して親子内親王と改めた稟議書類もみられるが、本書では煩雑を避けるため静寛院宮と統一して表記する。

（2）武部敏夫『和宮』（吉川弘文館、一九六五年）、宮内庁編『明治天皇紀』第二・三（吉川弘文館、一九六九年）、江戸東京博物館編『皇女和宮――幕末の朝廷と幕府――』（江戸東京博物館、一九九七年）、辻ミチ子『和宮』（ミネルヴァ書房、二〇〇八年）。

（3）此経啓之『明治人のお葬式』（現代書館、二〇〇一年）ほか。

（4）「静寛院宮御葬儀録」一・二（宮内庁宮内公文書館蔵、識別番号六〇一一一・二）。以下、本章においては同史料を「葬」と略記する。

（5）「葬」一、第一号文書。

（6）「葬」一、第二号文書。

（7）「葬」一、第三号文書。

（8）『法令全書』明治十年、太政官布告第六十三号。このほかに、各官庁で旗の掲揚を「中央ニ引下ケ」るよう海軍省達せられている（「太政類典」第二編・明治四年〜明治十年・第七巻・制度七・爵位、国立公文書館蔵、請求番号本館―二A―〇〇九―〇〇・太〇〇二三九一〇〇）。また、内国勧業博覧会も閉場された（「公文録」明治十年・第五十巻・明治十年九月・内務省伺（二）、国立公文書館蔵、請求番号本館―二A―〇一〇―〇〇・公〇二〇五七一〇〇）。

(9)「山口正定日記」二、一八七七年九月四日条（宮内庁宮内公文書館蔵、識別番号三七三一七）。
(10)「公文録」明治十年・第十五巻・明治十年八月～九月・外務省伺（請求番号本館―二A―〇一〇―〇〇・公〇二〇二二一〇〇）。
(11) 中川学『近世の死と政治文化――鳴物停止と穢――』（吉川弘文館、二〇〇八年）参照。たとえば、明治五年に北白川宮智成親王が薨去した際には、正月十二日から三日間の歌舞音曲停止が達せられている（『法令全書』明治五年、太政官（布）第三号）。
(12)「薨去」の用語は明治前期においては、三位以上の華族や政府高官の場合でも用いられている。ちなみに、静寛院宮は、死亡時に二品。たとえば木戸孝允の死亡時には「木戸孝允今日午前六時三十時薨去」と布告されている（『法令全書』明治十年、行在所布告第六号）。このような死の呼称について、中川学が前掲註（11）『近世の死と政治文化』で検討しており、十八世紀以降「崩御」を頂点として呼称も序列化されたことが明らかにされている。
(13)「葬」一、第六号文書。
(14)「葬」一、第十二号文書、「葬」二、第五十六号文書、「嵯峨実愛日記　日新記」九、一八七七年九月六日条（宮内庁宮内公文書館蔵、識別番号三五〇九三）。
(15)「公文録」明治十年・第百十五巻・明治十年六月～九月・宮内省伺（識別番号本館―二A―〇一〇―〇〇・公〇二一三〇一〇〇）。
(16)「葬」一、第十五号文書。
(17) 前掲註（2）武部『和宮』、二一五頁ほか。
(18)「葬」一、第六号文書。
(19)「葬」二、第五十七号文書。
(20)「葬」一、第十一号文書。
(21)「葬」一、第七号文書。

(22)「葬」一、第十号文書。
(23)「葬」一、第十九号文書。
(24)「儀式録」三、明治十年、第四号文書（宮内庁宮内公文書館蔵、識別番号七三二六）。「儀式録」には、「故二品親子内親王御葬送書類」として記録がまとめて綴られている。
(25)「公文録」明治九年・第九十一巻・明治九年十一月・宮内省伺（請求番号本館―二A―〇〇九―〇〇・公〇一八二二一〇〇）。廟所の造営費用は一万三四四九円九十七銭一厘が概算として計上されている（「葬」二、第四〇号文書）。廟所の造営は、宮内省内匠課が担当した。その記録は、「静寛院宮御廟宝塔建築工事録」一・二（宮内庁宮内公文書館蔵、識別番号四二六一一一・二）に綴られている。
(26)「公文録」明治十年・第百十七巻・明治十年十二月・宮内省伺（請求番号本館―二A―〇一〇―〇〇・公〇二一三二一〇〇）。
(27)「儀式録」三、明治十年、第四号文書。
(28)「葬」一、第二十七号文書。
(29)「葬」一、第二十号文書。
(30)「葬」一、第二十九号文書。
(31)「葬」二、第五十七号文書。
(32)「葬」一、第十六号文書。
(33)「葬」一、第三十二号文書。
(34)「葬」一、第二十四号文書。
(35)「葬」一、第三十二号文書。
(36)カッコ内原文のママ。以下、本引用文中は同じ。
(37)「葬」一、第二十四号文書。

(38) 『東京日日新聞』一八七七年九月十四日。
(39) 宮内庁編『明治天皇紀』第二、一八七二年八月五日条（吉川弘文館、一九六九年）。
(40) 『太政官日誌』第五十八号、明治五年八月十日条。
(41) 宮内庁編『明治天皇紀』第二、一八七二年八月五日条。
(42) 宮内庁編『明治天皇紀』第三、一八七六年五月二十四日条（吉川弘文館、一九六九年）。
(43) 『法令全書』明治九年、太政官第七十九号布告。
(44) 宮内庁編『明治天皇紀』第三、一八七六年五月二十四日条。
(45) 「葬」二、第四十七号文書。
(46) 「葬」二、第三十七号文書。
(47) 「葬」二、第四十九号文書。
(48) 「太政類典」（国立公文書館蔵、請求番号本館―二A―〇〇九―〇〇・太〇〇六〇六一〇〇）。
(49) 「葬」二、第五十号文書。
(50) 「葬」二、第四十九号文書。
(51) 宮内庁宮内公文書館には、「稚瑞照彦尊御葬儀録」（識別番号五九七）、「華頂宮博経親王御葬儀録」（識別番号六〇〇）などの葬儀の記録が所蔵されている。

第五章　最初の国葬
――岩倉具視の葬儀

はじめに

岩倉具視は、一八八三年（明治十六）七月二十日にその生涯を閉じた。京都に滞在していた岩倉に「衰弱ノ模様」が見え、侍医池田謙齋を派遣するように参議井上馨から太政大臣三條実美へ要請があったのは六月十四日午後一時のことであった。宮内少輔香川敬三は、岩倉の病状を京都から東京の宮内省へ電報で報告。明治天皇は病床にあった池田に替わって侍医伊東方成を差遣し、つづいて侍従西四辻公業を見舞いのために京都へ向かわせた。その後、文部省雇のドイツ人医師ベルツも派遣している。

一時容態が安定した岩倉は何とか東京へ帰還したが、思うようには回復せず、三十日には天皇みずから岩倉邸を見舞った。天皇は、臣下の病状見舞いに当たってはその臨終に際して側近を差遣するか、金品を下賜するのが常であり、岩倉邸行幸は極めて異例なことであった。遅れて皇后（昭憲皇太后）も岩倉邸を慰問のために行啓している。岩倉は、二度にわたって辞表を提出して十九日にようやく許され、同日、天皇は岩倉邸へ再幸するも、結局回復することなく翌日岩倉はこの世を去った。二十三日には、「大節善ク断シ、旋転ノ偉業ヲ賛ケ、純忠正ヲ持シ、弥綸ノ宏猷ヲ画ス、洵ニ是レ国家ノ棟梁寔ニ臣民ノ儀表タリ、況ヤ朕幼沖ニシテ阼ニ登リ、一ニ匡輔ニ頼ル、啓沃誨ヲ納ル誼師父ニ均シ、天憖遺セス、曷ソ痛悼ニ勝ヘン、其レ特ニ太政大臣ヲ贈ル可シ」との誄とともに太政大臣の官位が贈られた。また、天皇から紅白絹各三疋・真綿三十屯・鰹節十連・神饌七台、皇后と皇太后（英照皇太后）からは祭粢料一五〇〇円ずつが下賜された。(1)

以上のように、岩倉具視の死亡前後における天皇の行為は、ほかの臣下の場合と比較して非常に手厚いものであった。それらに加えて国家の一大行事として実施されたのが葬儀である。岩倉の葬儀は、岩倉の代表的伝記である多田好問編『岩倉公実記』にて「特ニ賜フニ国葬ノ例ヲ以テス」と述べられるのをはじめ、(2)いくつかの文献で天皇から「特旨」をもって〝賜った〟臣下の「国葬」の初例として位置づけられている。序章でも述べたように、筆者もかかる見解に異論はない。理由は後述するが、そのような重要な画期となる出来事であるにもかかわらず、この葬儀に関する基礎的な歴史学的考察はこれまで行われてこなかった。(3)

本章では、日本における国葬成立とみなすことができる岩倉具視の葬儀について、大久保利通の准国葬との連続・非連続に注目しながら性格や執行過程を具体的に明らかにしたい。

一　葬儀執行までの様相

まず、岩倉具視の死亡から葬儀執行までの基本的な事実の概略を「岩倉贈太政大臣葬儀雑日記」[4]に沿って時系列的に把握しておきたい。

岩倉死亡後、一八八三年（明治十六）七月二十日午前七時三十分に岩倉具綱《ともつな》から太政官へ死亡届が提出された。太政官は速やかにこれを告示し、各地に出張中の参議へ電信で急報を飛ばした。同日、『官報』号外に二十日から三日間の「廃朝」が発表され、陸軍・海軍・司法の各省へは三日間の死刑執行停止が達せられた。東京市内においては「歌舞音曲」の停止が布かれている（後述）。

同日中には、宮内大輔杉孫七郎が葬儀の責任者に任命され、杉のもとに葬儀実行のため、臨時の掛が立ち上げられた。御用掛の人員は、表10の通り宮内省・太政官・外務省の官員から構成されている。葬儀御用掛の一人である宮内大書記官堤正誼は、二十日のうちに宮内省内匠《たくみ》課の属官と岩倉家家令山本直成を率いて海晏寺《かいあんじ》（現・東京都品川区）に赴き、葬穴や葬儀時に使用される仮建物などに関する事務について確認した。御用掛の面々は、東京市麴町区宝田町三番区馬場先門内にあった

表10　岩倉具視葬儀御用掛一覧

官職	氏名	任命者	備考
宮内大輔	杉孫七郎	太政大臣	葬儀御用掛長
宮内少輔	香川敬三	太政大臣	
内閣大書記官	作間一介	太政大臣	
内閣大書記官	金井之恭	太政大臣	
太政官大書記官	股野琢	太政大臣	
宮内大書記官	堤正誼	太政大臣	
式部権頭	丸岡完爾	太政大臣	
宮内権大書記官	長田銈太郎	太政大臣	
外務少書記官	三宮義胤	太政大臣	
四等掌典	小西有勲	太政大臣	
太政官御用掛	川村正平	太政大臣	
宮内一等属	和田義比	葬儀御用掛長	宮内省庶務課
宮内五等属	青木行方	葬儀御用掛長	宮内省庶務課
宮内六等属	大木保侍	葬儀御用掛長	宮内省出納課
宮内八等属	菊地渉	葬儀御用掛長	宮内省出納課
宮内七等属	岡本正道	葬儀御用掛長	宮内省内膳課
宮内八等属	鈴木猛輔	葬儀御用掛長	宮内省内膳課

宮内六等属	小平義近	葬儀御用掛長	宮内省内匠課
宮内七等属	村山幸次郎	葬儀御用掛長	宮内省内匠課
宮内五等属	菅野善政	葬儀御用掛長	宮内省調度課
宮内七等属	長江紀綱	葬儀御用掛長	宮内省調度課
宮内七等属	三宅行政	葬儀御用掛長	宮内省式部寮
宮内八等属	朝倉義高	葬儀御用掛長	宮内省式部寮
太政官三等属	児玉完蔵	葬儀御用掛長	
太政官六等属	伏原宣足	葬儀御用掛長	
太政官八等属	竹屋光冨	葬儀御用掛長	
外務七等属	伴新三郎	葬儀御用掛長	

※「岩倉贈太政大臣薨去一件　葬儀之部二」から作成。

岩倉邸へ赴き、弔詞を述べて「奉命ノ次第」を遺族に説明し、同邸内に仮事務所を設けた。次いで、表11のような分担を確認している。大久保の葬儀時における事務内容が参照されたと思われるが、行うべき事項がより明確となり、分掌もはっきりとしている。この分担に基づき、実務は各官省において遂行されたが、御用掛は各官省の連絡・合議機関としての役割を担い、人事や会計など具体的な諸事項を執行した。

表11　岩倉の葬儀に関する事務分担

担当	分担内容
宮内省	①墓地、葬穴、幄舎、花、表見張所、仮垣、燈籠、仮建物等一切の事 ②棺槨、霊輿、銘旗、墓誌、石、墓標、造花、榫、紅白旗、建札等一切の事 ③神饌の事 ④葬場取設一切の事 ⑤斎主、副斎主、斎官、衣冠並びに白丁等調製の事 ⑥諸賄向、弁当の事 ⑦諸営繕向、幕張、仮建物建札の事 ⑧馬車の事 ⑨人夫雇入の事 ⑩道路修繕の事 ⑪椅子、テーブル、盥、水桶、柄杓、草履、草鞋等の事 ⑫筆墨紙等の事（太政官、宮内省双方から持ち出し） ⑬会計向の事
太政官	①諸上申、諸往復等の事 ②活版印刷等の事 ③墓誌撰定の儀、重野安繹へ談合の事 ④斎主・副斎主へ内達の上御達取計の事 ⑤葬儀日時等上申、三職、諸官省其他へ通知並びに会葬人員問合取調等の事 ⑥儀仗兵差出方東京鎮台へ照会の事 ⑦半旗弔砲等取調陸海軍へ照会御達の事 ⑧勲章を行列中に棒持の儀取調の事 ⑨入費金額上申の事 ⑩軍楽隊差出方陸軍へ照会の事 ⑪服制等協議の事

式部寮	①御璽移棺前祭並びに葬場等諸式の事 ②行列の事 ③誄の事、斎主打合の事 ④伶人の事
外務省	外国人に対する諸往復諸取扱一切の事

※「岩倉贈太政大臣葬儀雑日記」から作成。

二十日中には、ほかにも葬儀に関する事務が御用掛によって続々と実行・決定されてゆく。主たる事項は左の通りである。

・斎主に大教正千家尊福、副斎主に権教正本居豊穎を任命
・葬送日時を七月二十五日、出棺を午前六時と決定
・霊輿、斎服そのほかの手配
・金一万五〇〇〇円御下付の上申
・重野安繹が墓誌の撰文を行うこと
・儀式に関する外務卿への問合せ
・関係各所に対する葬儀日時などの通知方法

翌日、葬儀費用の上申は認められて、官費から一万五〇〇〇円が下されることになった。(5) 岩倉の死亡と葬儀は、大久保の時と同じように各国の公使・領事にも通知され、各国からは弔意を伝える書簡が届いた。(6) 葬儀当日には、多くの外国人が葬儀に参列している。二十一日、葬儀御用掛は岩倉邸では手狭となったため、近接する華族会館に事務所を移して「故岩倉前右大臣葬儀事務所」との門標を掲げ、葬儀に関する一切の事務を同事務所にて取扱うことを諸機関に報知した。華族会館と岩倉邸の間の境塀には木戸口が設けられ関係者はそこを慌ただしく往来している。

早朝のうちに、警視総監代理の副総監綿貫吉直《よしなお》が事務所を訪れ、諸般の打ち合わせが行われた。葬列が通る道筋や警備に関する相談と考えられる。同日、葬列の道筋は決定にいたり、早速東京府道路掛からの問合せがあった。葬列が通行する道路修繕のための照会であり、予定された道は二十五日の葬儀までのわずかな時間で繕われることになった。また、東京鎮台指令官野津道貫《みちつら》にも道筋を通知して儀仗兵の差出方を照会した。道筋以外にも、会葬諸員の心得書や葬列の行列図、葬儀の次第書などが数百から数千単位で印刷され、配布用に準備された。葬儀の次第などは、「会葬者諸般ノ心得トナルヘキ儀」とされて『官報』に掲載されている。ほかにも準備は着々と進められ、御用掛のうち庶務・接待の担当者は岩倉が埋葬される海晏寺まで出向き、休所設置のため地元の戸長と話をして周辺の寺院・町家を借り上げ、墓地に見張所を建設した。同日中に会葬者や親族の服装などについても確認が行われている。

二十二日には、綿貫副総監が事務所を訪れ、葬列の道筋について再度打ち合わせを行い、見物人が多いと予想される警戒すべき地点を確認した。また、この日、儀仗兵については東京鎮台在営の分は残らず差し出すとの回答を得ている。心得書などの出来上がった印刷物はこの日から順次配布され、服装に関する事柄、海軍省への吊砲などについても確認された。翌二十三・二十四日にも詳細な事項が詰められており、二十五日、葬儀は無事に執行された。葬儀御用掛の人員は、当日までほとんど徹夜で仕事に当たっており、葬儀の翌日の二十六日は一日休暇とされた。葬儀執行までに時間がわずかであり、準備に携わった人びとが必死に働いたという点は大久保の時と同様である。

二　国葬の条件

前章で見たように、葬儀の準備段階では岩倉具視と大久保利通の葬儀の間には類似点が多く見出せる。では、岩倉の葬儀が国葬であって大久保がそうでないのは何によるのであろうか。この疑問は、『岩倉公実記』や『明治天皇紀』(7)が、岩倉具視の葬儀を日本における国葬の端緒と定義するのは、そもそも何を根拠にしているのだろうか、という素朴な問いである。

岩倉の葬儀に関する史料上には、確かに「国喪」や「国葬」との表記が見えるが、それは三條実美以降の場合のように法令や公に発表された文書、上奏書類中に表れる文言ではない。一部の政府首脳・官僚の書簡・日記などにその文字が見出せるのは大久保の時も同じなので、これだけでは根拠として十分な説得力をもたないであろう。本書の冒頭で述べたように、国葬とは国家が主催して行われる葬儀のことで、費用はすべて国費から支弁される。岩倉の葬儀はかかる条件を満たしているのであろうか。先行研究や本書が岩倉の葬儀をもって国葬が成立したと定義する以上、この疑問に対する答えは当然に重要なポイントとなる。にもかかわらず、これまでこの基本的な問題に対して確たる解答があるとは言い難い。かかる点を前例となる大久保のケースと比較しながら確認しておきたい。

第一に想起される要素としては、太政官から葬儀の内容が広く一般に公表されたことにある。岩倉の死は、死亡当日の一八八三年（明治十六）七月二十日発行の『官報』号外にて「前右大臣岩倉具視本日午前七時四十五分薨去ス」と告示された（太政官告示第四号）。[8] 政府の〝広報紙〟として岩倉が死亡する直前の七月二日に太政官文書局から発行が開始された『官報』には、以後皇族や華族などが死去した場合、「宮廷録事」の欄に訃報が掲載された。岩倉の死亡時にはそれだけではなく、二十五日に執行される予定の葬儀について、次第などの詳細が二十三日付『官報』の「官庁彙報」欄に掲げられている。[9] 木戸孝允や大久保利通の死亡時には、太政官布告にて各官庁に周知が図られているが、[10] 葬儀に関して政府から関係者以外を対象とした発表は管見の限り行われていない。『官報』にて葬儀執行が公表されることはすなわち、該当する葬儀が官の主導で行われることを示しており、国葬の性質上、重要な要件だと見なすことが出来る。岩倉の葬儀は、臣下としてはじめてこの条件に該当することになる。

第二に、葬儀の執行組織の設置や費用の支出が明確に太政官あるいは太政大臣の名で命令されていることにある。大久保の葬儀の場合は、伊藤博文や大山巌はじめ大久保と特に縁が深かった政府首脳や薩摩藩関係者らの談義により、国葬に準じた葬儀が準備された。その執行過程では、多額の国費が支出されている。それは、前章で詳しく言及した通りである。ただし、大久保の葬儀はあくまでも形式上は大久保家の主催で行われた行事である。「贈右大臣正二位大久保利通送葬略記」や伊藤らの関係文書から実質的には政府主導で行われた葬儀であったことが傍証できても、その意思決定過程を直接証明するような文書――たとえば葬儀を公葬として執り行うことを決定した決裁文書を公文書中に見出すことはできない。

一方で、岩倉の葬儀に当たっては公式の手続きが確認できる。葬儀の執行に当たっては、七月二十日に太政官から宮内大輔杉孫七郎が「故前右大臣岩倉具視葬儀御用掛長」に任命され、その下に太政官・宮内省・外務省の官員が同御用掛を仰せ付けられている。さらに、杉御用掛長の権限で太政官の官員をはじめ宮内官・外務官らが葬儀の実務を担当するために掛員に任ぜられた(11)。前に見た分担のように、業務の振り分けも大久保の葬儀時よりも明確かつ組織的・事務的となっている。これを請けて、岩倉家の家督を継いだ岩倉具綱へ「右大臣葬儀官費ヲ以テ取扱」と伝えられ、太政大臣三条実美から「前右大臣薨去ニ付、特旨ヲ以テ葬儀御用掛ヲ置キ、葬儀ニ関スル一切ノ事務取扱被　仰付候」と達せられた。[12]すなわち、この達をもって政府は岩倉家に対して葬儀を政府の主導で行うことを宣言したのである。達中にて葬儀を官主導で行うことになったきっかけとして掲げられる「特旨」とは、前述のように天皇の特別の「思召」を示すものであり、天皇の意志により政府が音頭を取って葬儀を開催することが伝えられたものだと指摘できよう。

第三に、廃朝および死刑執行停止が布達された点に着目しなくてはならない。廃朝とは「聖上朝政ニ臨マセラレサル儀」を意味する語であり、天皇は七月二十日から三日間執務につかなかった。廃朝の期間は、官庁では通常の業務が行われるが、原則として上奏は行われず、天皇は政務を執らないのである。また、同じ期間、死刑の執行が停止されている。[13]廃朝は、前近代においても皇族や左右大臣、内大臣あるいは徳川将軍などが死去した場合に実施されており、期間の長短によって格付けがなされた。[14]臣下の死のために喪に服すことはない天皇が、それに代替する行為として行うものであったと解釈できるもので、廃朝とその期間がわざわざ発表されるのは、そうした天皇の哀しむ姿を広く知らしめるためであったといえる。大久保利通が死亡した際には、廃朝や死刑執行の停止が発せられたことは確認できないので、明治以後における臣下のケースとしては岩倉が最初となる。また、岩倉以降に国葬とされた人物たちの死去あるいは葬儀を催す日には必ず両者が実施されており、伊藤博文以降は国葬が執り行われる当日に廃朝とされた。[15]加えて、公達のかたちは採っていないが、東京市中においては「行政警察ノ注意」をもって死後三日間と葬儀執行当日の歌舞音曲停止が命じられた。[16]前章でも触れたように、歌舞音曲の停止は近世における鳴物停止につながるものであり、一般の人びとにも影響を及ぼすもので、明治以降は原則として皇族の場合以外行われていなかった。こうした天皇はじめ国全体を挙げて喪に服す「国喪」の体制が、葬儀に付随して行われたという点でも岩倉のケースは画期となったといえる。

第四に、政府が各国に対して国葬と明示したことにある。

以書簡致啓上候、然ハ前右大臣岩倉具視病気之処養生相不叶、昨二十日薨去被致候ニ付テハ、来ル廿五日午前第六時出棺国葬ノ儀式ヲ以テ品川海晏寺旧境内墓地ヘ埋葬相成候、此度得貴意候、敬具

追テ当日会葬ノ人員当方ニ於テハ大礼服着用ニ有之候、此段為念申進候也[17]

右は、外務卿井上馨がイギリス公使ハリー・パークスほか十二か国の公使に宛てて出した通知文であり、文中には「国葬ノ儀式」と明記されている。国内に向けては「国葬」とは発表していないが、外国向けに国葬、すなわち日本政府の主催で行う葬儀であることを明確に伝えていることになる。述べるまでもないが、国葬は欧米において日本よりも先行して行われていた制度であり、書簡

を受け取った側はその意味を十分理解していた。大久保の葬儀の際にも、各国公使への死亡通知文は出されたが、国葬とは伝えられていない。この点は、岩倉の場合と大きくことなるといえよう。

もちろん、会葬者の服装など大久保の葬儀時から発展的に引き継がれた国葬の要素と考えられる事項も確認できる。だが、右に掲げた諸点は大久保と岩倉の差異として指摘できる事項であり、ここから外見上は岩倉の葬儀をもって天皇の命で政府が主導する公葬＝国葬としての体裁が整えられたといえる。大久保の葬儀時に国葬の原型が形づくられたとはいえ、形式上は岩倉の葬儀を最初の国葬と見なすことができるとする所以である。

三　国葬に関する規則の作成

大久保利通の死は、政府にとってまったく予定外の出来事であり、伊藤博文らがいかに国葬としての体裁を整えようとしてもその制度化が困難であったのはやむを得ないことであった。しかしながら、岩倉の死期は、症状が表れ、重症化した頃からある程度予測できたことであり、実際のところ治療が続けられている間、すでに葬儀と服喪に関する準備が進められていた。

政府の中心となって葬儀・服喪案の策定を進めたのは宮内省である。宮内省は、岩倉が死亡する前日の一八八三年（明治十六）七月十九日までに「国喪内規」案の作成を終えていた。これは、「国喪」の名称が示すように、葬儀だけでなく服喪の期間なども規定したもので、天皇・皇族から臣下までを射程に入れたものとなっている。十九日に開かれた宮内省の会議では、「岩右府喪儀取調等」が議事にあがっており、(18)ここでの確認を経た上で宮内卿徳大寺実則は外務卿井上馨へ同案を送付して「至急上申之運ニ致し度御意見之有無」を諮っている。(19)外務省に諮問したのは、国葬が西欧からの輸入物であり、外国への照会が必要となることが予想されたためであった。「国喪内規」は、岩倉の葬儀に反映された点も多い重要な史料なので少々長文となるが全文を掲げておく。

国喪内規

第一章　総則

第一条　凡国喪ノ制左ノ通五等ニ分チ毎等三期ニ区別ス

一等喪

第一期　十三日　（付箋）「天皇

第二期　五十日　皇太后」

第三期　一周年

二等喪

第一期　七　日　（付箋）「太皇太后

第二期　三十日　皇后

第三期　百五十日　皇太子」

三等喪

第一期　五　日　（付箋）「皇太子ノ妃

第二期　二十日　皇子女」

第三期　九十日

四等喪

第一期　三　日　（付箋）「皇子ノ妃

第二期　十　日　皇孫

第三期　三十日　宣下親王」

五等喪

第一期　一　日　（付箋）「皇孫ノ妃

第二期　三　日　皇曾玄孫

第三期　七　日　宣下親王ノ嗣王

宣下親王ノ妃」

第二条　凡テ第二期ノ終リ迄朝儀ヲ廃シ死刑ヲ停ム

第三条　一等喪ハ第二期ノ終リマテ、二等喪以下ハ第一期中、国中歌舞音曲、講談、演説、諸興行等ヲ禁ス

第四条　二等喪以下第二期ノ終リ迄、有位、帯勲、在官之輩宴会、歌舞音曲等之席ニ赴キ、或ハ自宅ニ於テ之ヲ為スヲ禁ス

第五条　第三期中ハ従六位、勲六等及奏任官以上ノ輩仍等、宴会、歌舞音曲等ノ席ニ赴キ、或ハ自宅ニ於テ之ヲ為スヲ禁ス

第六条　凡喪中ハ布告面ニ記載シタル日ヨリ起算ス、但一等喪ノ第一期、第二期及二等喪以下ノ第一期ハ布告到達ノ日ヨリ其全日数ノ喪ヲ服スヘシ

第七条　七歳未満ノ殤ノ為メニハ一等ヲ下ス

第八条　特旨ヲ以テ喪等ヲ上セ又本規外ノ皇族及臣下ニ国喪ヲ賜フコトアルヘシ

第九条　喪期中ニ在ルト否トニ拘ハラス、其葬式ノ日ハ三等喪以上ハ廃務、四等以下ハ廃朝総テ其地ノ歌舞音曲ヲ停ム

第二章　喪儀職員

第十条　国喪ヲ発スルトキハ左ノ職員ヲ置クヘシ

喪儀長官　一員

喪儀ニ関スル一切ノ事務ヲ総判ス

喪儀次官　　三員
儀式、装束、土木ノ事ヲ分担ス
喪儀判官　　三員
長次官ニ従ヒ事務ヲ庶弁ス
喪儀主典
第十一条　前条ト同時ニ左ノ職員ヲ置クヘシ
齋主　　一員
祭祀一切ノ事ヲ掌ル
副斎主　　一員
神饌ヲ供撤シ祭祀ノ事ニ奉仕ス
祭官　一等喪ニ三員、二等喪ニ二員、三等喪ニ一員トス、四等喪以下ノ祭官及一等喪以下ノ祭官補助ハ長官ノ認可ヲ請ケ齋主之ヲ命ス
第十二条　喪主事故アルトキ喪主代ヲ置キ、誄ヲ読ミ五十日間霊前ニ候シ、日供ヲ供撤シ、毎日陵墓ニ参拝スル等ノ事ニ任セシム

第三章　喪章

第十三条　喪章ハ左ノ通三期ニ区別シ、有位、帯勲、在官ノ輩之ヲ着クヘシ

第一期
大礼服武官警視官其相当服
黒紗ヲ以テ礼帽ノ飾章ヲ覆ヒ、佩刀ノ柄ヲ巻ク
黒紗ヲ左腕ニ纏フ
襟飾　黒色
手套　黒色
通常礼服及常服（フロックコート）武官警視官其相当服
黒紗ヲ以帽ヲ巻ク
黒紗ヲ左腕ニ纏フ
第二期
大礼服　同上
黒紗ヲ左腕ニ纏フ
襟飾　黒色
手套　黒色
通常礼服及常服　同上
黒紗ヲ左腕ニ纏フ

襟飾　黒色
手套　黒色
第三期
大礼服　同上
襟飾　黒色
手套　鼠色
通常礼服及常服　同上
襟飾　黒色
手套　鼠色
第十四条　喪主ハ五十日間布ノ黒染ノ衣袴ニ烏帽子ヲ着シ、葬日ハ素服ヲ襲フ可シ
第十五条　喪主ハ五十日已畢ルモ第三期中ノ祭日ニ於テハ前条ノ服ヲ着ス可シ
第十六条　齋主、祭官ハ斎服自余ハ浄衣ヲ用フ可シ
第十七条　喪祭ニ参集スル婦女ハ白色ノ衣袴ヲ着ス可シ
第四章　祭日
第十八条　新喪ノ祭祀ハ左ノ如シ
神霊移　棺斂前之ヲ行フ

地鎮祭
棺前祭　　　　出棺前之ヲ行フ
出棺後霊前祭
葬場祭
葬式翌日祭
十日祭
二十日祭
三十日祭
四十日祭
五十日祭
百日祭
一周年祭

第五章　陸海軍弔礼

第十九条　軍艦及ヒ常ニ礼砲ヲ施行スヘキ堡砦、砲台等ハ第一期中（五等喪ハ三日）及葬式ノ日ハ国旗ヲ檣半ニ掲ク

但、旗艦ハ皇旗ヲ掲ク

第二十条　軍艦及ヒ常ニ礼砲ヲ施行スヘキ堡砦、砲台等ハ吊砲ヲ発ス、其時間左ノ如シ
但内外国を論セス二艦以上同港内ニ碇泊スルトキハ先任官乗ル所ノ一艦ニ於テ施行ス
一、一等二等喪ノトキハ其公布ノ翌日国旗掲揚ノ時ヨリ日没迄吊砲毎二十分時間ヲ発シ、又葬式ノ日ハ霊柩ノ宮殿ヲ出ル時ヨリ吊砲毎二十分時間皇礼砲同数ヲ発ス
一、三等四等喪ノトキハ其公布ノ翌日正午ヨリ日没迄吊砲毎二十分時間ヲ発シ、又葬式ノ日ハ霊柩ノ宮殿ヲ出ル時ヨリ吊砲毎十分時間皇礼砲同数ヲ発ス
一、外国航海ニ在テ、一等二等喪ノ公布ヲ得ルトキハ、其翌日国旗掲揚ノ時ヨリ日没迄吊砲毎二十分時間ヲ発シ、三等四等五等喪ニハ翌日正午ヨリ吊砲毎十分時間皇礼砲同数ヲ発ス
一、国旗掲揚或正午ノ后、訃音到達スルトキハ、前条吊砲翌日施行スル者トス
第廿一条　一等喪ノ葬式ニハ、該地所在ノ鎮台兵近衛兵悉皆、教導団諸兵悉皆、該地最近ノ両鎮台兵各二分ノ一幷在港或最近港湾碇泊ノ海軍兵二分ノ一之ニ従フ可シ
（付箋）「以下隊数ヲ記セサル分ハ陸軍省協議ノ積」
第廿二条　二等喪ノ葬式ニハ該地所在ノ鎮台兵悉皆、近衛兵大隊在東京ニ限リ、該地最近ノ両鎮台兵各三分ノ一幷在港或最近港湾碇泊ノ海軍兵三分ノ一之ニ従フ可シ
第廿三条　三等喪ノ葬式ニハ該地所在ノ鎮台兵悉皆、近衛兵大隊在東京ニ限リ、幷在港或最近港湾碇泊ノ海軍兵三分ノ一之ニ従フ可シ

第廿四条　四等喪ノ葬式ニハ該地所在ノ鎮台兵悉皆、近衛兵大隊在東京ニ限リ、之ニ従フ可シ
第廿五条　五等喪ノ葬式ニハ該地所在ノ鎮台兵悉皆、之ニ従フ可シ

国喪内規附則

第一条　外国帝王及ヒ其親族ノ為メニハ其交際ノ形状ニ従ヒ、三等喪以下ノ喪ヲ行ヒ、第二期ニ終ル可シ
　但、第一期中ト雖トモ有位、帯勲、在官ノ外ハ歌舞音曲ヲ停メス
第二条　外国帝王ノ喪期ハ訃音ノ到着ノ日、又ハ布告ノ日ヨリ起算スル等時ノ都合ニ在ル可シ

「国喪」が一等から五等までの段階に区分されており、それぞれ服喪の日数や葬儀に派遣される儀仗兵の数、有位・帯勲・在官者の服装など細部にわたる規程が見える。第八条では、臣下の「国喪」についても定めがある。この「国喪内規」は、右に掲げた外交史料館に所蔵されるもののほかに、国立公文書館にも同様の史料が伝わっている(20)。両者ともに宮内省の罫紙で作成されているが、後者は太政官にも照会されたことを示すものである。外務省から宮内省へは、各遣外公使に問い合わせた上で回答すると八月になってから返書があり、結局宮内省は岩倉の死亡までに規則の制定が叶えられなかった(21)。

太政官では、宮内省案の提出を請けて急いでボアソナードにフランスの国葬について問合せてお

り、[22]二十日にはその回答書が到着している。ボアソナードからの回答を要約すると次の七点となる。

①国葬とは国費をもって行う葬式をいう。

②フランスでは、国葬の費額を決定する際に国会の議決を経なくてはならない。

③フランスでは、儀式に用いる装飾品などはすべて政府から支弁する。葬式開始の二時間から三時間前に棺を一般国民に拝礼させる。

④国葬は、国家に功労ある者の栄誉のためになすものとする（たとえば大臣、参議、海陸軍省の将官など）。

⑤葬列の順序は、初めに巡査の数隊が大礼服を着用して先駆けをなす。次に海陸軍の楽隊が交互に音楽を奏す。次に近衛兵数隊、棺の順となる（以下、葬列に関する細かい決まり事を紹介）。

⑥出棺時には二十一発の大砲を放ち、葬列が進んでいる間は一分ごとに一発を放つ。また、棺を納める際にも二十一発の砲声を発すること。

⑦フランスにおいては、棺の輸送に葬車を用いる。葬車は四頭・六頭もしくは八頭の馬に黒服を着せて、首に鳥羽を結び付けて棺を牽くものとする。棺の四隅に黒い紐を付けて、死者が所属していた官庁の幹部四名がこれを手に持つ。

ボアソナードによれば、宗教上の問題や故人の遺言によって葬儀の方式を変えることもあり得るとのことであるが、実施の時間帯は昼間とされている。これは、日本において夜間に行われていた前近代の権力者・権威者の葬儀とは異なるものであり、みせることを意識した西欧の葬儀のあり方を象徴する要素といえよう。ボアソナードには、大久保利通の葬儀時にも服装に関する問合せを行っているが、(23)国葬の定義や大礼服の着用などフランスの国葬制度は少なからず日本の国葬成立過程に影響を与えたといえる。ただし、調査を行ったのはフランス一国だけではなく、前述の通り宮内省の問合せを受けた井上外務卿は遣外各公使に当該国の制度取調を命じ、「国喪内規」に関して意見を照会している。

井上が問い合わせた七名のうち、返答が確認できるのは、表12の四件だけである。調査期間も長短バラバラでフランス全権公使蜂須賀茂韶《もちあき》からの回答を宮内省が得たのは、一年半以上も後のことであった。(24)そのため、この調査結果が岩倉の葬儀に影響することはなく、「国喪内規」も実質的にその内容が葬儀に反映されたとはいえ、決裁にはいたらなかったようである。各国公使は当該国の宮内省や式部寮に当たる組織に詳細を問合せを行っており、調査結果の中には注目に値するものもある。たとえば、オーストリア全権大使上野景範《かげのり》の回答は、欧州の喪制を類型化して国民全員が喪に服す「国喪」の定義を明確化し、臣下の死に対する君主の弔意の示し方、服喪が及ぼす生活への影響などを具体的に示している。こうした調査結果が、以後日本の国葬制度にどの程度採用された

表12　各国全権公使への国喪制度問合せ

全権公使	国	年	月	日	回答内容
浅野長勲	イタリア	1883	12	15	当国の式部寮に照会。そもそも慣習・風習が日本とは異なるので日本は独自の制度をつくればよいと考える。よって意見なし。
花房義質	ロシア	1883	12	16	当国の宮内省・式部寮に照会。ロシアでは、帝室に関する服喪について、規則はなく喪期はその都度勅令をもって定めている。帝室における外国皇族が死去した際の国喪規則は入手したので訳文を送付する。第17条の喪祭に参集する婦女の服装について意見あり。
上野景範	オーストリア	1884	2	28	①欧州各国の喪制を通覧すると、（1）全国の人民に及ぶ喪＝国喪、（2）宮内に出入りする者のみを対象にした喪＝宮中喪、（3）皇族に限り摘要される喪＝皇室喪三つに大別できる。これらの語句の使い分けを厳密にすべきである。 ②欧州各国では、国喪による経済的な影響に配慮し、服喪期間を短縮する傾向にある。期間を見直してはどうか。 ③歌舞音曲の停止は、営業者の生活に配慮して遊戯上のみ禁止し、日数も短縮すべきである。 ④当国では、臣下のために宮中喪を発令することはない。皇帝のみ黒紗を巻いて哀悼を表したり、葬儀を賜ることはある。 ほか三件
蜂須賀茂韶	フランス	1885	3	27	ベルギー、スペインの慣例については粗々判明したので英文の取調書を送付する。

※「国喪内規設定一件」から作成。

かは判然としないが、ヨーロッパの制度を参照しながら日本式の国葬が成立していったことはうかがえよう。

岩倉の葬儀では、個別の事柄についての問合せも外国に行っている。具体的には、岩倉死亡時における半旗（旗竿の最上部より下に旗を掲げることで弔意を示すこと）・弔砲の実施方法についての決定過程にうかがえる。葬儀御用掛は、組織が立ち上がってから葬儀・服喪に関するさまざまな事項を取調べて確定させていったが、その一環として半旗および弔砲についても議論していた。すなわち、第一項三日間半旗、第二項二十一日（死亡の翌日）正午より日没まで二十分毎に弔砲を発砲、第三項葬送当日半旗弔砲の三項目を検討していた。まず、内閣が海軍卿と調整したところ第二項を削除することになり、海軍省もこれに同意した。次に、葬儀御用掛が第一項・第三項を外務卿に諮ったところ、外務省はイギリス・ドイツの公使館に問合せを行った。その結果、両公使から半旗の実施は葬儀当日のみ各国公使館では行われるとの意見があり、これに合わせて第一項も削られることになった。加えて、葬儀御用掛は弔砲の数についても調査を行っていたが、諸外国間でも相異があり、結局は陸軍会葬式にのっとり現役大臣の待遇で葬儀当日午前八時から十九発の弔砲を発することとされた。これは、ボアソナードの回答とも異なる決定である。(25)

以上のように、大久保から岩倉の葬儀後にかけてヨーロッパ諸国の制度調査が行われたが、日本の場合はどこか一か国の方式をそのまま採用したというよりは、数か国の制度を眺めて必要な部分を吸収し、日本流にアレンジした方式を組立てたといえる。

結局、国葬に関する内規の明文化は岩倉の時には達成されず、その後、一八八九年に「喪紀令」

の案が作成されたようである。(26)これも国葬の制度化を目指したものであったが、国葬の法的な整備は一九二六年（大正十五）の国葬令・皇室喪儀令を待たねばならない。だが、それまでには国葬の事例が蓄積し、前例までの積み重ねを参照しつつ、試行錯誤を繰り返しながら、儀式は次第に細部まで定例化していったというのが実態であった。

四　葬儀の執行と葬列

一八八三年（明治十六）七月二十五日の未明、午前一時から葬儀御用掛の人員は岩倉具視邸に参集した。午前八時頃から降っていた霧雨は間もなくあがったが、気温は三十五度にも昇る酷暑であった。午前二時には斎主千家尊福《たかとみ》以下伶人なども揃い、神饌・調度品の準備もすべて整えられた。午前三時からは発葬式が行われ、四時代の後半には終了。四時から五時にかけて、皇族・三職らも続々と参集し、勅使として侍従富小路敬直・宮内権少書記官足立正聲《まさな》、皇后御使として皇后宮亮児玉愛二郎が参向した。それ以外にも、この日の早朝から岩倉邸と休所に充てられていた華族会館に多くの関係者・会葬者が詰めている。奏任官以上の会葬者には、大礼服の着用が義務づけられ、(27)「黒紗或ハ類似ノ裂レ地ヲ以テ帽ノ飾章ヲ覆ヒ、佩刀ノ柄ヲ巻キ、左腕（凡曲尺幅二寸）ヲ巻キ、襟飾手袋ハ必ス黒色ヲ用フベシ」と服装が細かく規定されていた。(28)会葬したのは、各宮家の皇族以下、太政大臣、参議、元老院議官、麝香間祇候、米ほか十二か国の公使・領事ら、各省の勅奏任官の大部分、判任官のうち一五〇名、各県令などで名刺を置いていった人物だけで合計一〇〇〇名を超えた。(29)

五時になると、一番撃柝（一声）が鳴らされ発葬の支度が始まった。三十分後の二番撃柝（三声）では、岩倉邸内・休所の人びとが乗車し始め、徒歩の人びとは既定の場所に整列して移動の準備が整えられた。五時四十五分には、棺を輿に乗せて岩倉邸玄関前に据え、喪主以下も発葬に備えた。六時に鳴らされた三番撃柝（四声）を合図として軍楽隊の奏楽の中を棺が出発し、葬列は墓地である品川海晏寺へと向かった。道筋は、岩倉邸から馬場先門を出て、東京鎮台騎兵兵営前を通過して右折。監軍本部前を通り数寄屋橋門に出て、八官町通りを右へ、土橋を経てすぐに左に折れ、二葉町通りを右折し、大通りを通って海晏寺まで歩みを進める、という順路であった。軍楽隊が音楽で迎える中、岩倉の霊柩が海晏寺の門をくぐったのが九時十七分のことであったが、距離にして約十キロメートル程度を三時間以上かけて葬列は進んだことになる。大久保利通の葬儀よりも、さらに大規模なパレードが行われたことがこのことだけからも推察される。(30)

小休止ののち、祭儀の準備が完了し、九時四十分に斎主・喪主以下が斎場に着床した。祭儀が開始し、会葬者全員が拝礼を終えたのは、十一時三十分のことであった。約二時間にわたる祭儀では、特に奏任官以下の拝礼時に雑沓を極めた。葬儀御用掛が作成した日記には「此度ノ葬儀ハ何レモ静粛ヲ主トシ、悲哀ノ情切ナルヲ見ルモ、其拝礼ニ至テ、如此雑沓セシハ祭事殆ト二時間ニシテ何レモ炎熱ニ堪兼シヨリ拝ノ時ニ至テハ一時ニ押出セシモノニシテ敢テ不敬ヲ咎ムヘキニ非ルナリ」となお書きがあり、真夏の暑さも手伝って混乱した様子が看取できる。(31)

その後、斎主・親戚・葬儀御用掛は昼食を摂り、午後一時に祭場から棺を墓地へ移動して葬穴に下ろした。棺には、墓誌と銘旗が納められ、石蓋が被せられてセメントで封がなされた。棺の上には大礼服が掛けられ、埋葬式が開始して斎主が称詞を読み上げた。次いで、喪主・親族が棺に土をかけ、その傍らで墓地に到着した京都の二十八院並びに泉涌寺惣代の妙法院住職・大教正村田寂《じゃく》順《じゅん》が念誦。埋葬式の終了後、金井之恭が揮毫した墓標が建てられて根越榊などが植えられ、神饌が供えられた。斎主が埋葬詞を上げて喪主以下の拝礼がすべて済んだのは、午後三時のことであった。その後、葬儀御用掛は、岩倉家に戻って祭儀が無事に終了したことを報告し、同じく太政官への届け出も済ませた。(32)

葬儀は、以上の通りに執行されたが、岩倉の葬儀でも目を引くのはやはり葬列の場面である。岩倉邸から海晏寺までの葬列は、警察官の前駈から始まり、儀仗兵の軍楽隊、東京鎮台司令長官野津道貫が指揮官を務める歩兵第一聯隊第一大隊第二大隊および騎兵第一大隊がつづく。葬列には、喪主・親族のほかに有栖川宮熾仁親王、小松宮彰仁親王や太政大臣三条実美、大木喬任以下の参議など会葬者が列した。列の後部は、歩兵第一聯隊第三大隊、歩兵第二聯隊第三大隊、工兵第一大隊、野砲兵第一大隊、山砲兵第一大隊の儀仗兵が並び、最後尾は方面監督長尾景直、巡査副長山下兼三、同池上好三が固めている。[33]おそらく同時点で日本史上最大の圧倒的に巨大な葬列である。会葬者の一人である侍従長山口正定《まささだ》の日記には、「凡ソ会葬スルモノ一萬五千人、兵隊ハ其外ナリ、国喪ノ御取扱ナリトハ申ナガラ余未ダ曾テ如此ニ盛ナル葬事ヲ見ザルナリ、聞ク国喪ハ支那ニテ周ノ周公旦、日本ニテ鎌足公ノ外ハナシト知ラズ、如此ヤ否」と記されており、[34] 参事官議官尾崎三良《さぶろう》も「会葬者万余人群集雑沓ヲ極ム」と書き留めているように、[35] 一万人を越える会葬者とそれを取り巻く群集で葬列の道筋はあふれかえっていた。大久保の時よりもさらに広範囲にわたって「功臣」の死の共有化が葬列を通して行われたことになる。

また、大久保の時と比較してこの葬列で注目されるのは、勲章棒持が加えられていることであろう。これは、賞勲局が葬儀御用掛に意見を申し入れて採用されたしかけである。陸軍会葬式[36]では勲章は棺の上に載せるとされているが、これだと棺蓋のために掩蔽されてしまい勲章が群集から見えなくなってしまう。文官の場合、陸軍のルールに縛られる必要はないので、岩倉が保侍していた菊花大綬章、旭日大綬章およびロシア・イタリア両国の皇帝から授与された勲章を布団に付けて棺の前に立て、棒持しながら行列を進めることに決した。勲章が葬列の中で顕示されることで、岩倉の「一層御光栄相輝」ことを企図したものである。葬列には、儀仗兵や大礼服のような服装のほかにも岩倉が「功臣」たることを可視化するための装飾が施されていたことになる。[37]

岩倉の葬儀は、会葬者や葬列を直接目撃した人物以外にもメディアを通してより広範囲な層と共有化された。各種新聞では、岩倉の死亡直前から葬儀の模様までを詳しく報じた。明治天皇の岩倉邸行幸や右大臣辞表のエピソードもとりあげられ、生前の業績が紹介された。各紙の論調は、いずれも「功臣」である岩倉の死を歎き、天皇の哀しみも報じた。たとえば、『東京日日新聞』は、「七月二十日は如何ナル日ゾヤ、国家ノ柱石タリ廟堂ノ元勲タル我カ岩倉公ヲ奪ヒ去リテ上ハ聖主ノ御涙ヲ催サシメ下ハ万民ノ嘆ヲ頻ラシメ」と報じ、岩倉の死が天皇から庶民まで国家全体を巻き込んだ出来事であることを強調した。[38] 自由党が発行していた『自由新聞』[39]や立憲改進党系の『郵便報知新聞』[40]も岩倉の功績を称揚こそすれ、批判的と取れる記事は一切掲載していない。

国葬とメディア、特に写真や絵葉書などの図像資料との関係については、伊藤博文の事例を分析した研谷紀夫の研究に詳しい。[41] 岩倉の場合には、写真師江崎礼二によって葬列の写真撮影が願い出により行われているが、[42] 三條や伊藤のように写真帖として公的に記録保存がなされたわけではなく、絵葉書などのかたちで庶民に出回った形跡はない。また葬儀絵巻（図6）も作成されているが、これはあくまでも後世へ記憶を継承することを目的に作られたものであり、巷間に流布したものではない。かかる点からみれば、視覚的な葬儀の共有化はのちの三條実美以降の国葬で達成されたといえるであろう。[43] だが、大久保や岩倉の死亡に際しても、新聞を通じて葬儀の場に立ち会っていない、生前の岩倉となんら関係がなかった人びとにも「功臣」の死が共有化されている。写真や絵葉書は、

図6　岩倉公国葬図巻（部分。国立国会図書館憲政資料室蔵、岩倉具視関係文書468）
岩倉具視の国葬を描いた葬儀図は、宮内庁書陵部図書寮文庫に蔵されているものと本資料の二種がある。

前右大臣従

前右大臣従一位大勲位

視覚的にイメージを得られる分、その一体性をより強固なものとするべく作用したと位置づけられよう。

小括

日本における国葬は、大久保利通の葬儀でその原型が形づくられ、岩倉具視の葬儀をもって一応成立した。大久保の葬儀の段階で欠けていた国家行事としての要素——官報での発表、政府による臨時組織の設置などが、岩倉の葬儀で補われた。

暗殺という突然死で生涯を終えた大久保に比較して、岩倉の場合は死亡前から葬儀の準備が始まっており、「国喪内規」の策定が宮内省で進められていた。結果的に、「国喪内規」の上奏は岩倉の死に間に合わず、裁可にいたらなかったと思われるが、その調査過程で得られた情報・知識は岩倉以降の国葬に反映されたと思われる。「国喪内規」の作成・検討に当たっては、ヨーロッパ諸国の国葬制度が調査され、葬儀を形づくる服喪のあり方や儀仗兵の役割、会葬者の服装などが導入されたとみえる。この調査は、大久保の葬儀でも行われたことであるが、岩倉の場合、より広い範囲でかつ葬儀が終わったのちも時間をかけて行われた。かかる点でも、岩倉の葬儀が国葬史の上で有する意義は大きい。

岩倉の葬儀においても最も注目すべき場面は、葬列であった。岩倉の葬儀における葬列は、日本史上類をみないほどの規模で催され、多くの観衆や新聞などで〝目撃〟した人びとを巻き込み、一人の「功臣」の死を国家を挙げて哀悼する空間が創出された。この元となる形態は、大久保の葬儀時と変わらないが、より大規模であることに加えて、勲章の棒持など新しい要素も追加された。

以上のように、岩倉の葬儀は大久保のそれと比較していくつかの点で整備されたことがうかがえる。こうした傾向は、岩倉の次に国葬とされた島津久光でもみえるが、おおよそ国葬の基本的な様式がすべて完成したとみなせるのは三條実美の葬儀だと考えられる。次章で三條の葬儀をとりあげたい。

註

（1）「岩倉贈太政大臣葬儀録」一、第一〜十号文書（宮内庁宮内公文書館蔵、識別番号六二二一一）、庶務課「往復録・第一類・諸局・乙共三」（東京都公文書館蔵、請求番号六一三．A五．〇五）、宮内庁編『明治天皇紀』第六、一八八三年六月十四日〜七月二十日条（吉川弘文館、一九七一年）。

（2）多田好問編『岩倉公実記』下（宮内省皇后宮職蔵版、一九〇六年）、二〇五六頁。

（3）本書執筆時点では岩倉の葬儀あるいは国葬の成立について、歴史学の分野で真正面から研究した論考は見当たらないが、口頭報告としては前田修輔による「岩倉具視の葬儀にみる国葬の形成」（二〇一四年度九州史学研究会大会報告）がある。著者は、当日参加できなかったので内容に立ち入ったコメントはできないが、今後の活字化に期待したい。

（4）「岩倉贈太政大臣葬儀雑日記」（「岩倉贈太政大臣薨去一件　五・明治十六年」、国立公文書館蔵、本館―二A―〇三八―〇五・葬〇〇〇〇七一〇〇)。

(5)「岩倉贈太政大臣薨去一件　葬儀之部二」明治十六年七月二十日～明治十六年八月二十四日(国立公文書館蔵、本館―二A―〇三八―〇五・葬〇〇〇〇四一〇〇)。

(6) 外務省編『日本外交文書』第十六巻(社団法人日本国際連合協会、一九五一年、二六一・二六二頁)。

(7) 宮内庁編『明治天皇紀』第六、一八八三年七月二十五日条(吉川弘文館、一九七一年)には、「國葬の儀を以て、贈太政大臣岩倉具視を南品川海晏寺旧境内浅間台に葬る」とある。

(8)『官報』明治十六年七月二十日号外。

(9)『官報』明治十六年七月二十三日。

(10)『法令全書』明治十年・行在所第六号布告、同明治十一年・太政官達無号。

(11)「岩倉贈太政大臣薨去一件　葬儀之部二」明治十六年七月二十日～明治十六年八月二十四日。

(12)「岩倉贈太政大臣薨去一件　葬儀之部二」。

(13)「岩倉贈太政大臣薨去一件　葬儀之部二」。

(14) たとえば、嘉永六年(一八五三)七月に将軍徳川家慶が死亡した際には五日間(「議奏記録」嘉永六年七月二十六日条、国立公文書館蔵、請求番号特〇九九―〇〇〇二)、文久三年(一八六三)十一月の左大臣一条忠香の時には三日間の廃朝(日本史籍協会編『中山忠能日記』一、文久三年十一月二十五日条〈日本史籍協会、一九一六年〉)が達せられている。

(15)『官報』明治四十二年十一月二日。

(16)「岩倉贈太政大臣葬儀雑日記」。以下、「葬儀日記」という。

(17)「岩倉贈太政大臣薨去一件　葬儀之部二」。

(18) 伊藤隆・尾崎春盛編『尾崎三良日記』上巻(中央公論社、一九九一年)、一八八三年七月十九日条。

(19)「国喪内規設定一件」(外務省外交史料館蔵、分類番号門六―類四―項七)。

(20)「〔岩倉具視右大臣辞表及ビ国葬関係書類〕」(国立公文書館蔵、請求番号本館―二A―〇三七―〇〇・雑〇〇九四〇一〇〇)。
(21)「国喪内規設定一件」。
(22)「〔岩倉具視右大臣辞表及ビ国葬関係書類〕」。太政官の作成であることが明記された史料ではないが、国立公文書館が所蔵する「国喪内規」と一連の史料として伝来しており、太政官の罫紙が使用されていることから太政官の作成と推定した。
(23) 本書第三章参照。
(24)「国喪内規設定一件」。
(25)「岩倉贈太政大臣薨去一件　葬儀之部二」。
(26) 伊藤博文文書研究会監修『伊藤博文文書　第八六巻　秘書類纂　帝室　三』(ゆまに書房、二〇一三年)。なお、ドイツ人で当時宮内省に雇われていたモールがドイツの諸制度についての助言をしていたが、(金森誠也訳『ドイツ貴族の明治宮廷記』〈講談社学術文庫、二〇一一年〉、八五・一〇二頁)、国喪に関してどの程度の影響があったのかは不明である。
(27) ただし、大久保利通の葬儀時と同様に大礼服を所持していないものは通常礼服で良いとされた。
(28)「葬儀日記」一八八三年七月二十五日条。
(29)「岩倉贈太政大臣薨去一件　葬儀之部二」。人数は、華族会館に置かれた休所もしくは海晏寺にて名刺を置いていった人物から算出したものであり、実数はより多かったと思われる。
(30)「岩倉贈太政大臣薨去一件　葬儀之部二」、「葬儀日記」一八八三年七月二十五日条。
(31)「葬儀日記」一八八三年七月二十五日条。
(32)「葬儀日記」一八八三年七月二十五日条。
(33)『官報』明治十六年七月二十三日。
(34)「山口正定日記」一八八三年七月二十五日条(宮内庁宮内公文書館蔵、識別番号三七三二三)。

(35) 伊藤隆・尾崎春盛編編『尾崎三良日記』一八八三年七月二十五日条（中央公論社、一九九一年）。
(36) 『法令全書』明治十二年、太政官第一号達。
(37) 「岩倉贈太政大臣薨去一件　葬儀之部二」。
(38) 『東京日日新聞』一八八三年七月二十三日。なお、岩倉の死をめぐる報道については、国立国会図書館憲政資料室蔵「岩倉具視関係文書」中に「贈太政大臣薨去ニ付官報各新聞抜抄」としてまとめられている。
(39) 『自由新聞』一八八三年七月二十二日。
(40) 『報知新聞』一八八三年七月二十一・二十三・二十四日。
(41) 研谷紀夫「公葬のメディア表象の形成と共同体におけるその受容と継承――伊藤博文の国葬における新聞・雑誌・絵葉書・写真帖を中心に――」（『共立女子大学文芸学部紀要』五八、二〇一二年）。
(42) 「葬儀日記」一八八三年七月二十三日条。
(43) 三條実美の葬儀では、岩倉の時と同様に申し出により写真撮影が許可され、今津正次郎・丸木利陽・江崎礼二による写真が三條家に納められた。また、同じ写真が政府に提出され、公文書と一体となって保存された（「公文附属の図・二九三号 内大臣正一位公爵三条実美之葬儀録付属写真」国立公文書館蔵、請求番号本館―二A―〇三〇―〇九・附A〇〇二九三一〇〇）。

第六章　国葬の完成
——三條実美の葬儀

はじめに

大久保利通、岩倉具視の死を経て形づくられた日本における政府主導の公葬は、三條実美の葬儀をもって完成にいたったと考えられる。一八九一年（明治二十四）二月二十五日に行われた三條の葬儀について、三條家の家臣出身で当時元老院議官だった尾崎三良は次のように回顧している。

さて三条公葬儀は所謂国葬にて、宮内省より葬儀掛十数人命ぜられ、入費は悉皆国庫より支弁し、外に祭祠《(ママ)》料として帝室より一万円下賜なり、是にて万事を支弁したり。此葬儀は維新以来始《(ママ)》めての正式国葬とて非常の盛観なりし。先づ儀仗兵として近衛師団悉皆、東京第一師団悉皆（佐倉分営よりも来会）、百官皆大礼服にて従ひ、又議会も此日は敬意を表する為め休会し、貴衆両院議員も殆んど会葬し、皇族方悉皆、各国公使、書記官、華族の大半、或は葬車に随行するあり、或は先着するあり。又此盛儀を見んとて近県数里外よりわざわざ来る者あり。其墓所と選定せし音羽の護国寺まで、麻布市兵衛町の仮邸より凡そ二里余の沿道、見物人充満し立錐の地もあらざりし。又葬列も麻布より音羽まで連続せり。時に明治廿四年二月廿五日（薨日より八日目なり）。時に天気晴朗一点の雲翳あらざりし。此事後日までも天気晴朗の日には先帝には毎に三条日和と叡慮ありしとぞ。

斯くの如き盛大なる葬儀なりしも、其大部分は国庫の支弁に属し、私費を要したることもありしが下賜の祭祠《（ママ）》料にて全く支弁し、此時相続税も未だあらず、依つて此凶事の為め別に私財を消費したることとなし。葬儀に続いて各十日祭も済み一段落した。(1)

葬儀の費用が国費から捻出されたことや、規模が盛大であったという会葬者の感想は、大久保や岩倉の葬儀においても各史料にみられたが、目を引く点として三條の葬儀を尾崎が「正式国葬」と定義していることが指摘できよう。尾崎の認識に従えば、大久保はもとより、岩倉や岩倉の次に一八八七年に行われた島津久光の葬儀は「正式」な国葬ではなく、三條の葬儀以降が「正式」な国葬となるのである。本章では、まず三條の国葬について基本的な事実関係を押さえた上で、この「正式」の意味について考えてみたい。また、大久保や岩倉、島津の死亡時には確認できない全国で生じた社会現象についてもとりあげる。結論からいえば、三條の死にまつわる行事は従前よりも大規模かつ広範囲で行われており、三條の葬儀をもって国葬の完成とみなす大きな理由の一つとなる。

さらに、本章では死後に行われた国家主導の「功臣」の事蹟編纂についても言及したい。岩倉や三條の場合、死亡後に官が主導して「功臣」顕彰のための事蹟編纂が行われている。周知の通り、それは『岩倉公実記』(2)や『三條実美公年譜』(3)といったかたちで結実するが、これらは国葬に引きつづいて死後に「功臣」の生涯を装飾するものであった。本章では、「功臣」が死亡したのちの国家による顕彰という観点から三條の国葬と合わせて事蹟編纂の問題をとりあげる。(4)

一　三條実美の国葬

一八九一年（明治二十四）二月十八日午後七時、内大臣三條実美は流行性感冒に気管支炎を併発したのが要因となって死亡し、二十五日に葬儀が執行された。病状がいよいよ悪化したころから、明治天皇が三條邸に行幸して三條を直接見舞ったり、侍医を差遣したり、見舞いの品を下賜したりしたことは、岩倉具視のケースと同じである。(5)死亡直前には、三條は「特旨」をもって正一位に叙された。陞叙《しょうじょ》に当たって明治天皇が三條を見舞った折、内大臣秘書官櫻井能監が勅書を枕元で読み上げたが、三条はこれを聞いて落涙したという。(6) こうした三条の死に際する一連の処遇は、岩倉の例を参考として、生前の立場から同等以上の待遇に処されたといえる。

死亡後、すぐに実美の息子公美《きみよし》が死亡届を内閣総理大臣山縣有朋、宮内大臣土方久元へ提出した。翌十九日、三条の葬儀を国葬で執行し、費用は国費から一万五〇〇〇円を支出することが決定している（手続きの過程は後述）。同日、三条の死去を報じる告示が『官報』号外に掲載され、内閣総理大臣名で公美に宛てて実美の葬儀を国葬で催すことが通達された。同時に、三日間の廃朝も発表されている。二十四日には、勅使が三條邸へ差遣されて、天皇の弔慰を示す誄詞が伝えられ、幣帛・神饌が下賜された。皇后からも祭粢料が下されている。(7) こうした一連の事実も、岩倉の死亡時と同様である。

葬儀を実行するための組織の設置も前例にならっており、国葬の決定が発表されるや、内閣から故内大臣公爵三條実美葬儀掛が任命された。掛長は、杉孫七郎で岩倉の時と同じである。(8) ほかの掛員は表13の通りであり、生前の三条の関係者や宮内官などから選出されている。ちなみに、一八八七年の島津久光の国葬に当たっては、掛長を鹿児島藩出身で宮内省御歌所所長の髙崎正風が務めている。(9) 掛長には、特定の官職の人物が機械的に就任したわけではなく、宮内省幹部のうち故人とのつながりが深かった人物が就き、実務には宮内省や内閣から官員が選出されるという形式がある程度固まっていたようである。やや特殊な例として、島津の場合は鹿児島で国葬が行われたことから、掛に鹿児島県知事渡辺千秋が名を連ねているが、三條の場合は、葬儀を担う人員の所属・構成も岩倉の葬儀時と大きくは変わらない。葬儀掛の事務所は、麻布区市兵衛町一丁目二番地にあった内閣官舎に設置されている。(10)

墓地は、音羽護国寺に定められ、葬儀の執行日は二月二十五日に決定した。(11) 斎主には本居豊穎《とよかい》、副斎主には神代名臣と戸田忠幸が任命された。(12) 葬儀までの準備や葬儀当日の進行についても、岩倉の葬儀と規模・段取りともに重なる部分が多い。重複する部分が多いので詳細な葬儀の模様は略すが、葬儀当日の模様を会葬者の一人である尾崎三良の日記から確認しておこう。

表13　三條実美葬儀掛一覧

官職	氏名
内蔵頭	杉孫七郎
式部次長	三宮義胤
内匠頭	堤正誼
内閣書記官長	周布公平
宮内書記官	股野琢
内閣書記官	多田好問
掌典	小西有勲
恩給局審査官	田口乾三
内閣書記官	道家齊
交際官試補	吉田要作
内閣属	山本復一
内閣属	山田秀俊
内閣属	井上鉎吉
内閣属	山本喜忠
内閣属	植村雄
宮内属	朝倉義高
宮内属	井上栄彦
宮内属	原恒太郎
掌典補	小谷一光
内匠寮技手	小平義近
内匠寮技手	牧長富
内匠寮技手	齊藤徳蔵
調度局属	永田胤禎
調度局属	高岡善次郎
大膳属	久米井隆吉

※「三條内大臣葬儀録」から作成。

三条内大臣実美公葬儀。早起。大礼服着用、七時三条邸ニ至ル。霊前祭アリ。八時勅使、両后陛下及皇太子等ヨリ御使。九時出棺、伶人楽ヲ奏、儀仗兵及近衛騎兵其他前後行列凡ソ一里余ニ亙ル。予亦馬車ニテ随行。皇族、大臣、勅奏任官ニテ従フ者其数ヲ知ラズ。本日特ニ朗晴。途上見物人山ヲ為シ殆ド立錐ノ地ナシ。横浜及近郷近在ヨリ皆泊リ掛ニテ前日ヨリ入京スル者多ク、為メニ停車場ハ大ニ雑沓セリ。順路音羽護国寺ニ着。十一時三十五分皆一時休憩所ニ至リ、午后更ニ祭式場ニ着座、神葬式。委細当日官報及翌日各新聞紙ニ在ルヲ以テ之ヲ略ス。埋葬ヲ了シ参拝シテ帰途ニ就キシハ五時十五分ナリ。三条邸ニ着五時五十分。九時帰宅。終日奔走ニテ疲労ス。此日貴衆両院敬意ヲ表スル為メ一日休ミ、多クハ会葬ス。天皇廃朝三日、並ニ葬儀当日鳴物停止ヲ閣令ヲ発布ス。(13)

尾崎の日記からは、岩倉の葬儀同様に三條の葬儀が国家儀式として盛大に執り行われたことがよく理解される。派遣された儀仗兵は、近衛歩兵一聯隊・同騎兵二小隊・同砲兵一中隊であり、やはり葬列は巨大であった。一般の人びとも多数集まり、路上に並んで葬列を見物している。東京のみならず、横浜などの近隣地域からも見物客が訪れており、群集が葬列の道筋にあふれかえった。大久保や岩倉の場合もそうであったが、国葬がいかに大規模な国家的イベントとして展開していたかがうかがえる。葬儀に関する事前情報は、葬儀掛によって『官報』や新聞各紙（『時事新報』ほか九

図7　三条実美の国葬の模様
（国立公文書館蔵、請求番号本館 -2A-030-09・附 A00293100）

社）をもって広く流され、葬儀の執行後はその模様が三條の業績とともに紙上で報じられた。

以上のような、三條の葬儀の概要をみると岩倉の葬儀とほぼ同一の規模・様式で行われており、大きな差異は特に見当たらない。むしろ、麻布区市兵衛町一丁目十三番地の三條邸を出て護国寺へ向かう葬列中において、勲章を棒持するなど岩倉の葬儀の様式をそのまま引き継いだ点が史料中に散見される。(14)では、なぜ三條の葬儀をもって国葬の完成とするのか、次節以降でみていきたい。

二　国葬の形式完成

岩倉具視や島津久光の葬儀と三條実美の葬儀が大きく異なるのは、国葬の発令が勅令＝天皇の意に基づく命令という形式をもって行われている点である。岩倉や島津の葬儀においては、執行のための臨時掛設置や国費から葬儀費用を支出することについて政府内での決裁を経て決定していること、『官報』にて葬儀に関する発表なされたことなどが大久保利通の葬儀とは大きく異なる点であり、これらは国葬が備える条件として重要な点だと先に指摘した。しかしながら、岩倉・島津のケースでは葬儀を国葬の形式で催すことに関して天皇の裁可を文書で得ていない。実際の決定は、政府の意思に基づいて行われており、裁可の有無にかかわらず岩倉・島津の葬儀は盛大に、国家儀式として実施されている。だが、日本における国葬が「特旨」によって賜るものという形式を外見上採る以上、文書処理の過程に天皇の裁可を示す痕跡があるかないかは看過できない点である。

三條実美が死亡した翌日の一八九一年（明治二十四）二月十九日、岩倉具視と島津久光の前例にならって三條の葬儀が国費をもって行われると決定された。次に、三條の葬儀を国葬として執行するに当たって勅令を発することが決定している。これらは、内閣が起案して各大臣が稟議し、内閣総理大臣山縣有朋が決裁後、同日中に明治天皇へ上奏され、裁可を受けている。[15] 決裁文書には、裁可を示す「可」字印が鈐され、即日勅令が公布された（図8）。

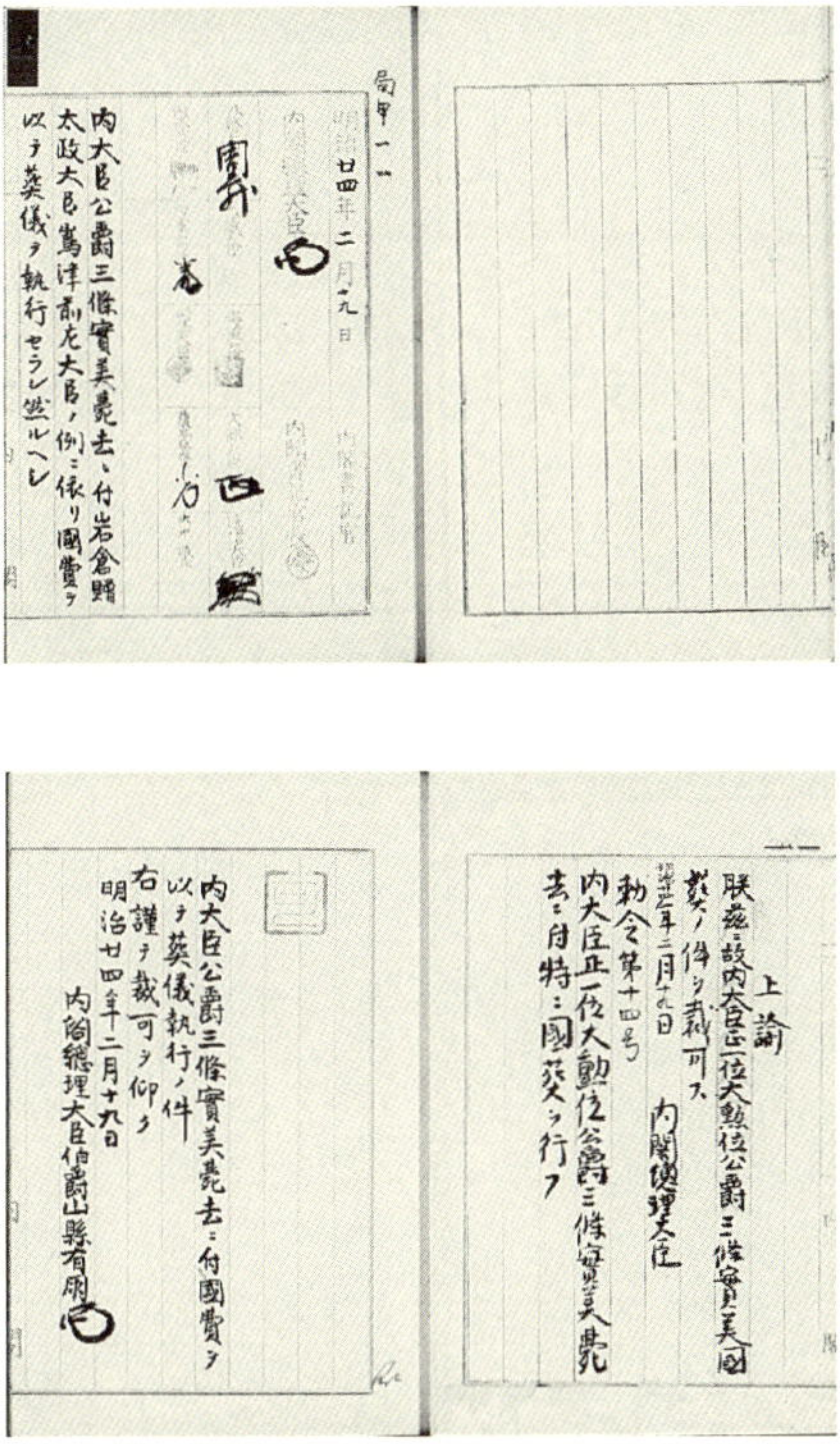
局甲一一
明治廿四年二月十九日
内閣総理大臣
内大臣公爵三條實美薨去ニ付岩倉贈太政大臣島津前左大臣ノ例ニ依リ國費ヲ以テ葬儀ヲ執行セラレ然ルヘシ

上諭
朕茲ニ故内大臣正一位大勲位公爵三條實美國葬ノ件ヲ裁可ス
明治廿四年二月十九日
内閣総理大臣
勅令第十四号
内大臣正一位大勲位公爵三條實美薨去ニ付特ニ國葬ヲ行フ

内大臣公爵三條實美薨去ニ付國費ヲ以テ葬儀執行ノ件
右謹テ裁可ヲ仰ク
明治廿四年二月十九日
内閣総理大臣伯爵山縣有朋

図8　三條実美国葬執行に付裁可書
（「公文類聚」国立公文書館蔵）

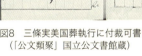

勅令の上諭は「朕茲ニ故内大臣正一位大勲位公爵三條実美国葬ノ件ヲ裁可ス」、本文は「故内大臣正一位大勲位公爵三條実美薨去ニ付特ニ国葬ヲ行フ」というもので、法における文言のなかに初めて「国葬」の二文字が登場した。[16] 岩倉・島津の葬儀では、『官報』はじめ達類のなかにも、「国葬」の語句はみられない。

勅令という形式をとったのは、一八八六年二月二十六日に制定された公文式（明治十九年勅令第一号）における勅令に関する手続き、すなわち第二条・第三条で定められた作成・様式に関する事項に従ったものと考えられる。[17] とはいえ、島津の時には岩倉の例が踏襲されているので、三條を画期として国葬の発令に天皇の意志決定を示す文書が作成されるようになったといえる。以後、国葬令が制定されるまでの間はこの形式で国葬が執行されていった。

右のように、政府主導の公葬は岩倉の葬儀時に実質的に成立したといえるが、天皇が裁可し、勅命をもって執行するという手続き上の形式が完成したのは三條の葬儀だといえる。岩倉と島津の葬儀では、内閣から「特旨」をもって葬儀御用掛を設置することが達せられただけで、語句としても国葬の用語は用いられていない。国葬という呼称が日本で定着したのも三條が最初で、尾崎が「正式国葬」の初めを三條の葬儀と定義した理由はここにあるのではないかと推量される。

三　地域における追悼

三條実美の死亡時には、外見・様式の問題以外に岩倉具視の時にはみられない社会現象が生じている。最も特徴的な事象は、全国から弔詞が三條家および故内大臣公爵三條実美葬儀掛に届けられ、各地で遙祭が行われたことである。岩倉や島津の死亡時には、こうした現象を示すまとまった史料を現在のところ確認できていない。弔詞は、神社、学校、府県町村といった組織単位で届けられたものから、一般の個人が作成したものまである。それらの弔詞は、国立国会図書館憲政資料室が所蔵する「三條家文書」中の「内大臣正一位大勲位三條公薨去記附録」のうちに「弔詞録」としてまとめられている。(18)

神社・神職では、日比谷神社祠掌権少教正三宅良秀ら十七名による「正一位大勲位公爵君溘焉トシテ薨シ給フトキキ悲痛懊慟ナス所ヲ知ラス、敢テ台下ニ来リ弔詞ヲ献シテ以テ景慕ノ微衷ヲ表ス」との弔詞などが確認できる。学校では、たとえば群馬県緑野郡鬼石小学校の生徒惣代野口勝治から三條夫人に宛てられた「生等明治ノ元勲国家ノ柱石タル内大臣正一位三條実美公ノ長逝ヲ悲悼シ、恭シク弔詞ヲ呈ス」といった弔詞が確認できる。こうした弔詞は、いずれも「国家ノ柱石」たる三條の死を哀悼する内容であるが、分量には長短がある。長いものでは、次の桜田尋常高等小学校の教職員および生徒からの弔詞がある。

某等再拝頓首謹ミテ白ス

故正一位大勲位内大臣三條実美公爵閣下　国家ノ元勲臣庶ノ亀鑑大矣哉、　公ノ功徳山高シト雖之ヲ比スルニ高カラス、海深シト雖之雖之ヲ比スルニ深カラス、是レ億兆ノ均シク膽仰スル所ナリ、今茲明治廿四年二月十八日ハ嗚呼如何ナル凶日ソヤ、天　公ニ年ヲ假サス、溘然　公ヲ奪ヒ去ル億兆慈母ヲ喪フカ如シ、微賤某等職ヲ桜田小学校ニ奉シ、児童教育ノ任ニ当リ、特ニ　公ノ余澤ニ浴スルコト久シ矣、伏シテ惟ミレハ明治九年　公ハ我桜田校ノ創設ニ際シ巨資ヲ賜ヒテ、其経営ヲ賛助セラレ加フルニ、桜田学校ナル四字ヲ自書シ賜ヒタリ、爾来年ヲ閲スル十有六児童ヲ教育スル幾千万校舎今猶巍峩墨痕今猶淋漓門ニ入リ門ヲ出テ常ニ其徳ヲ欽慕ス、今ヤ某等訃ヲ奉シテ愴然為ス所ヲ知ラス、強ヒテ哀章ヲ作ル言々涙中ヨリ流ル、謹ミテ之ヲ　霊前ニ奉ス、誠惶誠恐頓首（中略）

明治廿四年二月拾八日　国家ノ元勲臣庶ノ亀鑑タル正一位大勲位内大臣三條実美公爵薨ズ、嗚呼悲ヒ哉、公平素心ヲ学事ニマデ及ボシ給フ、余澤我ガ桜田小学校ニ迨《（ママ）》ブ、我桜田小学創設ノ時ニ当リ　公其挙ヲ嘉ミシ、巨資ヲ賜ヒ、其経営ヲ賛ケ、且ツ自ラ毫ヲ揮ヒテ桜田学校ノ四字ヲ書シ、之ヲ賜フ、有志者之ヲ扁額トナシ、校門ニ掲ゲ、長ク其徳ヲ慕フ、生等此ノ清世ニ遭遇シ、此ノ校ニ学ヒ、此ノ門ヲ出入シ毎ニ　公ノ懿徳ヲ欽仰セリ、今ヤ倏然訃ヲ奉シテ追悼措

ク能ハズ、身賤愚ヲ顧ミズ恭シク弔詞ヲ奉呈ス

前者が教職員の弔詞で後者が生徒によるものである。芝区桜田尋常高等小学校は、一八七六年九月三十日に東京府から設立許可を受け、翌年四月二十九日に開校した。学校の設立に際して、有栖川宮熾仁親王や大久保利通などから寄付金が寄せられたが、三條も同じく学校の建設資金を提供している。(19) それだけではなく、校門に三條が揮毫した額が掲げられていたなど、桜田小学校は三條とゆかりがある学校であったことから、弔詞もほかと比較して長文になったのであろう。弔詞の内容は、学校の恩人の死を歎くと同時に、「国家ノ元勲」たる三條の喪失を悼むものとなっている。

前述のように、このような弔詞は組織単位ではなく個人から寄せられたものも多数ある。たとえば、大阪府平民とだけ差し出しにある弔詞では「親ニ死ニハカレタル時ト同時ニ御座候」と述べられるように、生前には三條との個人的な関係がまったく見出せない人びとからも深い哀しみの意が述べられた。

秋田県南秋田郡下新城村笠岡の金沢松治からは、左のような弔詞が贈られている。

奉吊詞

維明治廿四年辛卯二月夷蛮之野夫九謹百拝祭ヲ内府公霊前閣下ニ奉述ス、伏テ惟レハ公英邁寛

仁温良恭謙至徳何ソ期セン、奄然遠逝セラレントハ実ニ四千余萬之同胞国民悲傷哭泣長嘆セサル者アラン哉、嗚呼我国廟堂柱石タル公ハ維新復古　王室再造之時ニ当リ、政経経綸ニ尽憔瘁シ、国歩ノ艱難ヲ維持シ、我　皇家ヲ翼奉シ、其間瘁体肝膽終ニ孔業ヲ泰山之安キニ拓定シ、嗚呼公ハ明治維新以来幕府ノ積弊ヲ受ケ、　皇室ノ新革ニ際シ、政綱ヲ基革シ、内ハ宇内庶民之安泰ヲ保治シ、外万国ニ対接シテ　王威ヲ輝シ、国勢ヲ盛照シ、以テ社稷ノ大政ヲ佐賛シ、我国闢以来未曾有之弘攻茂績ヲ定メ、国憲ヲ頒ツ之盛典ヲ観ル、危篤ニ臨ンテ忝クモ　龍駕之親臨訪問ヲ受ク、嗚呼公之天威明徳海内敬仰スルコト吾人四千余万之国民ト共ニ吊哭流涕シ、豈息嘆セサルヲ得ス、文不了ヲ顧ミズ、唯タ痛哭赤誠之溢ル丶処知ラス、卑文ヲ奉述ス、謹テ奉吊詞、恐懼謹敬白

金沢松治は、地域の有力な豪商であった金沢松右衛門の長男である。(20)三條と松治あるいは松右衛門に個人的な縁故があったのかは不明だが、少なくとも弔詞の文中にそれは見出せない。松治は、皇室を支え、維新を成し遂げた功労者として三條を称美しており、その死は「四千余万之国民」の哀しみであり、あまねく歎きとして共有されているのだとする。彼らは、三條の死を弔詞の作成を通じてみずからのものとし、それを通じて「国民」としての一体性唱えたのである。こうした弔詞は、三條の死をめぐる新聞報道を元に発生したもので、弔詞の送付文や本文中には新聞をみて三條

の死に接し、筆を起こしたことが記されている。メディアを通じて情報の拡散が行われただけでなく、右のような行動に結びついていたことがうかがえる。

弔詞以外に三條の葬儀で特徴的なのは各地で行われた遙祭である。遙祭とは、具体的には東京で行われる三條の葬儀に直接会葬するのではなく、遠隔地で追悼セレモニーを開催することである。遙祭は、学校や神社、町村などを単位として催されており、東京から距離的に遠く離れた地域において「功臣」たる三條の死を実感する場としての役割を有した。遙祭に関する史料も「内大臣正一位大勲位三條公薨去記附録」に含まれ、「遙祭誌」として一冊にまとめられている。[21]内容は、各地での式が済んだのちに三條家に提出された報告書をまとめたものである。

たとえば、一八九一年二月二十五日、静岡県見附高等小学校では教職員と生徒四〇〇余名で霊壇を設けて遙祭を行っている。式典で生徒惣代が読み上げた弔文では、本来であれば霊柩の傍で弔いたいが、距離が遠く東京まで赴くことが叶わないため、「式ヲ挙ケテ遙ニ弔フ」ことが述べられている。市町村単位では、岐阜県吉城郡坂上村にて村内の有志による追悼会が営まれ、詩歌文を収集して三條家に提出された例などが確認できる。

神道式の遙祭は、新潟県中頸城郡高城村神明宮社内におかれていた高田神道支局など各地域で行われているが、仏教界でも追悼法会が営まれている。京都では、三月八日に諸本山連合共済会の発起で知恩院に各宗派の僧侶が集合し、「御追福会」が執行された。「故内大臣三條公追弔御法会」は、午後一時に開始し、知恩院大殿にて挙行され、「尊霊追福」のため「連合法会修行」が行われている。神宮教（明治期の教派神道）の広島本部では、大規模な祭典が催された。三月十九日に広島へ届けられた三條の肖像を奉迎するため、中教正藤井稜威や数名の祭官、地域の有力者、教員などが宇品に向かい、神宮教広島本部までのおよそ一里程度の道を行列が進んだ。「公ノ御余徳モ亦驚レタリ」とされるほど、行列を拝観する人びとが路上に詰めかけたという。つづいて、二十一日に鎮魂式が営まれ、二十二日には藤井を斎主として祭典が営まれた。その模様は左の通りである。

廿二日晴、午前九時祭典中教正藤井稜威齋主ヲナシ、侯爵中御門経明、有志総代森川修蔵祭文ヲ奏ス、祭典ノ厳整ナル　公ノ左右ニ侍スルカ如シ、齋主以下従三位鍋島知事、牟田口院長ヨリ順次玉串ヲ捧ク、八雲琴、吉備楽ナドノ奉納アリテ、式全ク終リタルハ正午ヲスグ、式終ルヤ鎮台、県庁、控訴院、裁判所ノ高等官、市長以下ヘ酒饌ノ饗応ヲナセリ、此間能、狂言ヲナシ延テ衆会ヲナス終夜ナリ、本部内ノ参集人ハ云フ迄モナク、近傍ノ町々ハ立錐ノ地ナキハカリノ人ナリキ、本祭ニ付、大手筋ハ悉ヲ提燈ヲ吊ルシ、国旗ヲ掲ケテ敬礼ヲ表シタリ(22)

右の神宮教からの報告書によれば、祭典には県知事以下、高等官たちも列席し、本部の外には群集が殺到した様子がみて取れる。三條の追悼式は、県を挙げての事業として展開していたといえよう。二十三日には、市内の学校の教員・生徒五〇〇〇名余りを対象にした祭典が行われ、参拝が終了したところで遙祭の全日程が終了した。祭典後には、三條の死に当たって集まった数百の詩歌を披講する会が行われている。この追悼式の発起は「少々ノ思立」からなされたものであったが、発起人が思った以上に「盛事」となったという。

こうした遙祭は、大喪儀に当たって各地の学校などで行われた遙拝式に通ずるものである。国葬においても伊藤博文などの死亡時には、全国的に遙祭が行われており、三條のケースはその先駆けとなる事例だったといえる。(23) 全国で行われた遙祭は、各地域の人びとが「功臣」の追悼に参加し、三條が支えたとされる天皇や「国家」を意識する場となった。また、三條の葬儀当日休校にする小学校が現れるなど、いわゆる「自粛ムード」が高まったのも特徴的である。(24)

以上のような弔詞や遙祭は、法令などによって命じられたものではなく、行政の指導した祭典もあったとはいえ、一般にはメディアを介して三條の死に接した人びとによって自然発生的に出現したものであった。いかなる要因によってこうした潮流が発生したのかは、個別の事例を深める必要があるが、国葬が首都東京で行われた限定的な行事ではなく各地域にも波及したものであったことが理解されよう。

四　『三條実美公年譜』の編集

岩倉具視と三條実美の死は、明治期の「功臣」の中でも別格扱いされた。それは、個人の事蹟編集を官が主導して行ったことに象徴される。官による特定個人の顕彰を目的とする事蹟編集は、天皇・皇族や岩倉・三條と明治天皇の外戚に当たる中山忠能《ただやす》などを除いて明治期では例がない。岩倉の事蹟をまとめた『岩倉公実記』については、上野秀治の一連の研究に詳しい。[25] 三條に関しては、『三條実美公年譜』の編集過程をまとめた、秋元信英「『三条実美公年譜』の考察」があるが、より深く検討する余地は残されている。[26] ここでは、三條の事蹟編集の過程と意味についてふれておきたい。

一八八九年（明治二十二）四月二十七日、宮内省において三條大臣父子行実編輯事業が単独の事業として開始した。[27] 三條実万《さねつむ》・実美父子の事蹟編集は、実美が存命中から開始しており、同年以前から岩倉の事蹟編集と合わせて着手されていたようであるが、独立した事業となったのはこの時である。しかしながら、三條の生前には軌道にのらず、本格的な始動は死亡後となった。

三條の死亡から一か月程度を経た一八九一年三月二十日、「故三條大臣父子行実編輯」を同月限りで廃止し、「故三條大臣父子行実編輯残務」を宮内省図書寮が主管すると省内で決定された。[28] 以来、史料の収集・編集が進められ、実万の事蹟をまとめた「忠成公年譜」が浄写されたのが一八九一年十二月、[29]『三條実美公年譜』が脱稿したのが一九〇〇年十二月である。その間、この事業が難局に立たされていたことは、一八九八年六月に故三条大臣父子行実編輯掛が作成した「故三條内府父子行実編輯概況」から読み取れる。

当編輯掛ハ其初三條岩倉両大臣事蹟取調ナリシニ、明治二十二年ニ至リ岩倉大臣事蹟編輯ト分離シ、単ニ三條内府父子行実編輯掛ト為レリ、然ルニ其際緊要ノ材料多ク岩倉公編輯ノ方ニ分取セシヲ以テ、更ニ採蒐謄写スルノ止ムヲ得サルニ至レリ、翌二十三年掛員増加セシニ由リ始メテ編纂ニ着手セシニ、二十四年当掛ヲ廃止セラレ、編輯残務ヲ図書寮ニ引継ヘキヲ命セラル、此時年譜草案成ルモノ僅ニ数巻ニ過キス、加フルニ掛員ハ減シテ三分一トナレリ、爾来継続従事シテ今日ニ至ル、其成蹟左ノ如シ（中略）
右ノ如シト雖トモ、要スルニ内府公年譜ハ材料殊ニ乏シク、編纂尤モ困難ナリシニ、其後諸家ヨリ得タル材料ド参照シ、誤脱ヲ発見スル者少ナカラス、忠成公年譜ノ如キモ近年久邇宮、近衛秘記其他現出セル者アルヲ以テ共ニ増訂修補スルニ非サレハ、完全ト謂フヲ得サルナリ
　右当編輯掛ノ概況謹上申仕候(30)

事蹟編集の根本となる史料の収集が不十分であり、そのために割ける人員が少ないことなどが障壁となって思うように作業が進展していない状態が看取できる。史料収集の範囲は、三條家所蔵の

文書はもちろん、関係した公家・武家などに及んだ。一八九三年中に謄写された史料は五十四部四二〇冊、紙数にして一万一二七二枚であり、膨大な作業であったことがうかがえる。(31)しかし、最終的には紆余曲折を経て不完全ながらも史料調査を終え、一応の完成にたどりついた。『三條実美公年譜』は、一九〇一年十月十四日に全五十二冊（墨書）が明治天皇へ奉呈されている。(32)完成した年譜は、奉呈された当日から一九〇四年三月二十九日にかけて一〇〇部（三十冊本・活字）が関係各所へ配布された。(33)

編集に関わった人員は、表14の通りである。事業が起ち上がった当初の編輯長は巌谷修《いわやしゅう》であったが、進捗状況が芳しくなかったこともあって一八九三年末にその座を退かされた。巌谷免官後は、図書頭が責任者となって再出発することになる。また、編集事業が出発した時点では城多董《きただす》・山本復一《またかず》といった『岩倉公実記』編集の中心人物たちが三條の方にも名を連ねていた。だが、図書寮に事業が移管されたのちに継続して長期間携わった人物は、磯野佐一郎を除いてはいない。その磯野も病のため『三條実美公年譜』の完成をみずして他界している。

『三條実美公年譜』と同時に進められていた事業に、一代絵巻の製作がある。「三條実美公事蹟絵巻」は、『三條実美公年譜』と併行して巌谷修が責任者となって一八九一年に作成が開始した。(34)一八九三年四月二十六日には、制作者である画家田中有美《ゆうび》が下絵を三條家へ持参しているが、(35)絵巻も本文同様必ずしも順調に作成が進んでいたわけではないようである。絵巻の制作が予定通りいって

表14　編輯掛職員一覧

氏名		出身	明治22	23	24	25	26	27	28	29	30	31	32	33	34
巌谷修	編輯長	滋賀県	4.30	↓	3.20 3.23	↓	↓ 12.29								
城多董	編輯嘱託	滋賀県	4.30	↓	3.20										
黒岩直方	編輯嘱託	高知県	4.30	↓	3.20										
山本復一	編輯嘱託	京都府	4.30	↓	3.20										
馬場文英	編輯嘱託	福岡県	4.30	↓	3.20										
高根正也	編輯嘱託	福岡県	4.30	↓	3.20										
足立正聲	事務取扱	鳥取県	4.30	↓	3.20										
三谷義一	写字生	広島県						3.30	↓	↓	↓	↓	↓	↓	↓
箕輪醇	編輯嘱託	斗南県								1.17	↓	↓	↓	↓	↓
渋谷啓蔵	編輯嘱託	滋賀県	4	↓	3.20 3.25	↓ 11.21									
佐藤村太郎	写字生	東京府									3.25	↓	↓	↓	↓
松井金次郎	写字生	香川県									10.14	↓	↓	↓	↓

濱野義治	写字生	東京府									4.27 →	→	→	→	→
磯野佐一郎	編輯嘱託	佐賀県	6.12 →	→	3.20 3.25 →	→	→	→	→	→	→	→	→	1.5	
西村一朗	写字生	奈良県		6.22 → 10.1											
吉澤章人	写字生	鳥取県										10.9 →	→	12.28	

※「進退録」（宮内庁宮内公文書館蔵）、『官員録』・『職員録』などから作成。

いないことから、翌一八九四年三月十九日に尾崎三良と宮内大臣土方久元が相談を行っている。巌谷免官後は、尾崎が絵巻の制作を取り仕切っていた。尾崎と土方の会談により、田中有美一人に任せていたのでは遅々として完成しないので、日本画家として著名な久保田米僊《べいせん》にも分担させることに決定した。[36]

その後、急ピッチで制作が進められ、土方宮内大臣および山崎直胤《なおたね》調度局長らへ「条公絵巻物皆成」が報じられたのが、一八九四年十一月二十五日のことであった。[37] ただ、この後も修正作業が繰り返し行われ、一九〇一年十二月頃にようやく明治天皇へ全二十四巻が奉呈された。奉呈後、天皇から枢密院副議長東久世通禧へ金一〇〇〇円・紅白縮緬二疋（詞書訂正・揮毫）、東京帝国大学文科大学教授黒川真頼《まより》へ金一五〇円・白縮緬（詞書編成）、宮中顧問官尾崎三良へ金一五〇円・洋服地一着（図画意匠幷画工監督）が下賜されている。[38]

この絵巻制作の背景では、三條家が所蔵する文書の綿密な調査が実施されていた。一八九三年三月十三日、尾崎が田中栄秀[39]とともに三條家で「先公（実美）書類調」開始し、同年十月十一日までの約半年間にわたって集中調査を行った。その成果は、尾崎によって目録にまとめられている。[40]現在、国立国会図書館憲政資料室などに所蔵されている「三條家文書」のうち、実万・実美に関係する文書の大部分はこの時に初めて整理されたと考えられる。[41]尾崎・田中による史料調査の成果は、『三條実美公年譜』の編集と「三條実美公事蹟絵巻」の製作に活用され、両者の実証性を高めるのに寄与した。

「三條実美公年譜」と「三條実美公事蹟絵巻」は、国家の「功臣」たる三條を死後顕彰し、後世にその「功績」を引き継ぐものとして作成された。『三條実美公年譜』は各所に配布されたほか、「三條実美公事蹟絵巻」も一九〇七年に『三條実美公履歴』[42]として発行された。「功臣」の顕彰は、葬儀を起点とし、その後も断続的に行われたことが事蹟の編集事業からみて取れる。

小括

岩倉具視の葬儀をもって日本における国葬は成立したといえるが、形式的には三條実美の葬儀によって完成したといえる。すなわち、天皇から「功臣」へ勅令をもって国葬を賜るという形式が成立したのが同時点であり、その〝証拠書類〟たる裁可文書が作成されたのが三條の葬儀であった。岩倉や島津久光の時には天皇の裁可文書が存在せず、三條の葬儀時にはじめて作成されたことは、みかけ上の問題という以上に大きな意味がある。また、法令や『官報』などの政府が発行する媒体で「国葬」の文字が明確に登場したのも三條が最初である。かかる観点にたてば、尾崎三良のように三條の葬儀を最初の正式な国葬とみなすこともあり得る考え方であろう。

また、岩倉や島津の葬儀ではみられない要素として各地域から三條の死に対して、全国規模で弔詞が寄せられ、遥祭が催されたことがある。三條の死は、東京で行われた国葬で終わらず、メディアを介して各地に波及し、三條や政治・行政とは心的にも物理的にも距離がある人びとに「功臣」の死を実感させた。こうした点でも三條の葬儀は従前の国葬とは大きく異なる。

以上のように、「功臣」の追悼・顕彰は、死亡直後に行われる一連のセレモニーで終わるのではなく、三條や岩倉の場合は、事蹟の編集というかたちで継続された。また、政府は特別な「功臣」たちに対しては神道碑の建設・下賜を行ってゆく。次章ではそのことについて扱ってみたい。

註

（1）『尾崎三良自叙略伝』上巻（中央公論社、一九七六年、二二五～二二六頁）。

（2）多田好問編『岩倉公実記』上・下（皇后宮職蔵版、一九〇六年）。

（3）宮内省図書寮編『三條実美公年譜』全三十冊（宮内省、一九〇一年）。

（4）高木博志「「郷土愛」と「愛国心」をつなぐもの」（『歴史評論』六五九、二〇〇五年）を代表的な成果として、地域における顕彰に関する研究は、近年多数蓄積されてきている。たとえば、長南伸治「清河八郎の顕彰――贈位決定までの過程を中心に――」（『明治維新史研究』六、二〇〇九年）、岩立将史「赤報隊「魁塚」と丸山久成」（『地方史研究』六二一―三、二〇一二年）などがある。一方で、国家による人物顕彰の問題については、高田祐介「国家と地域の歴史意識形成過程――維新殉難者顕彰をめぐって――」（『歴史学研究』八六五、二〇一〇年）のような成果があるものの、「功臣」の死亡直後からの顕彰に関する考察は十分とはいえない状況にある。

（5）「三條内大臣葬儀録」、第一号・第三号文書（宮内庁宮内公文書館蔵、識別番号六二四）、宮内庁編『明治天皇紀』第七、一八九一年二月十三・十八日条（吉川弘文館、一九七二年）。

（6）『明治天皇紀』第七、一八九一年二月十八日条。

（7）「三條内大臣葬儀録」第十・十一・十二号文書、『官報』明治二十四年二月十九日、『明治天皇紀』第七、一八九一年二月十八日条。

（8）「三条内大臣葬儀書類　内大臣正一位公爵三条実美公葬儀録一・明治二十四年」（国立公文書館蔵、本館―二A―〇三八―〇五・葬〇〇〇二九一〇〇）。

（9）「故島津前左大臣葬儀書類　共二十一冊・故島津前左大臣葬儀摘要　完」（国立公文書館蔵、本館―二A―〇三八―〇五・葬〇〇〇二七一〇〇）。

（10）「三条内大臣葬儀書類　内大臣正一位公爵三条実美公葬儀録一・明治二十四年」。

（11）「三条内大臣葬儀書類　内大臣正一位公爵三条実美公葬儀録一・明治二十四年」。

(12)『官報』明治二十四年二月二十一日。

(13)伊藤隆・尾崎春盛編『尾崎三良日記』中巻、一八九一年二月二十五日条（中央公論社、一九九一年）。

(14)「三条内大臣葬儀書類　内大臣正一位公爵三条実美公葬儀録一・明治二十四年」。

(15)「公文類聚」第十五編・明治二十四年・第四十巻・社寺・教規・神社・陵墓・雑載（国立公文書館蔵、請求番号本館―二A―〇一一―〇〇・類〇〇五八一一〇〇）。

(16)「三条内大臣薨去ニ附キ特ニ国葬ヲ行フ・御署名原本・明治二十四年・勅令第十四号」（国立公文書館蔵、請求番号分館―KS〇〇〇―〇〇・御〇〇九二三一〇〇）。

(17)『官報』明治十九年二月二十六日。

(18)「内大臣正一位大勲位三條公薨去記附録　弔詞録」（「三條家文書」六一―七、国立国会図書館憲政資料室蔵）。

(19)「公文録」明治九年・第九十一巻・明治九年十一月・宮内省伺（国立公文書館蔵、本館―二A―〇〇九―〇〇・公〇一八二二一〇〇）、「桜田学校設立奉賀帳」（港区教育委員会蔵、港区ホームページ参照http://www.lib.city.minato.tokyo.jp/muse/j/bunkazai/bunkazai.cgi?id=5202〈最終確認二〇一五年三月三日〉）。

(20)渡辺真英『秋田県管内名士列伝』（北辰堂、一八九〇年、三〇～三二頁）。

(21)「内大臣正一位大勲位三條公薨去記附録　遙祭誌」（「三條家文書」六一―七）。

(22)「内大臣正一位大勲位三條公薨去記附録　遙祭誌」。

(23)たとえば、宮城県の私立東華高等女学校では、一九〇九年十一月四日に同校の講堂にて哀悼式を開催している。同校については、宮城県第二女子高等学校創立八十周年記念誌編集委員会編『二華――八十年八十人――』（宮城県第二女子高等学校創立八十周年記念誌編集委員会、一九八四年）、宮城県第二女子高等学校二華会編『華翔――創立九十周年記念誌――』（宮城県第二女子高等学校二華会、一九九二年）参照。
(24)「内大臣正一位大勲位三條公薨去記附録　弔詞録」。
(25)上野秀治「『岩倉公実記』編纂過程の研究」（上）（『皇学館史学』二〇号、二〇〇五年）ほか。
(26)秋元信英「『三条実美公年譜』の考察――巻四・二九を中心にして――」（『日本歴史』四五〇、一九八五年）。
(27)内事課「進退録」一・明治二十二年、第六十号文書（宮内庁宮内公文書館蔵、識別番号二〇八二五―一）。
(28)内事課「進退録」明治二十四年、第三十七号文書（宮内庁宮内公文書館蔵、識別番号三八二）。
(29)「三條実美公年譜出版録」第一号文書（宮内庁宮内公文書館蔵、識別番号乙三三八）。
(30)「三條実美公年譜出版録」第四号文書。
(31)「三條実美公年譜出版録」第一・二号文書。写本の全体像は、臨時帝室編修局が作成した「三條実美公年譜資料目録」（宮内庁宮内公文書館蔵、識別番号三五三二六）で把握できる。
(32)宮内庁編『明治天皇紀』第十、一九〇一年十月十四日条（吉川弘文館、一九七六年）。
(33)「三條実美公年譜出版録」第一～十号文書。
(34)絵巻物の写真版は、宮内庁三の丸尚蔵館編『明治天皇を支えた二人　三條実美と岩倉具視――一大絵巻が語る幕末維新――』（宮内庁、二〇一四年）に掲載されている。岩倉についても絵巻が作成されている。
(35)伊藤隆・尾崎春盛編『尾崎三良日記』下巻（中央公論社、一九九二年）、一八九三年四月二十六日条。なお、尾崎の日記には、絵巻に関する田中有美との打合せや指図を出した記事が散見される。
(36)『尾崎三良日記』下巻、一八九三年三月十九日条。ただし、田中・久保田による分担がどのように行われたか、実際に久保田がどの程度関わったかについては判然としない。

(37)『尾崎三良日記』下巻、一八九三年十一月二十五日条。

(38)内事課「恩賜録」四・明治二十四年、第一二一号文書(宮内庁宮内公文書館蔵、識別番号二一二一一四)。

(39)田中栄秀は、一八八五年十二月二十三日〜一八八九年十二月十九日の間、内大臣秘書官を務めていた。辻岡健志「内大臣・内大臣府の文書管理」(『平成二十五年度アーカイブズ研修Ⅲ修了研究論文集』国立公文書館、二〇一四年)参照。

(40)『尾崎三良日記』一八九三年三月十三日〜十月十一日条。尾崎による目録は、三條公本のうち「三條家蔵書目録」乾・坤(宮内庁宮内公文書館蔵、識別番号七〇二八五・七〇二八六)、「三條家蔵書目録」(宮内庁宮内公文書館蔵、識別番号七〇二八七)および「三條公爵家文書目録」一〜三(宮内庁宮内公文書館蔵、識別番号三五三一六〜三五三一八)。

(41)三條実美関係文書全体については、広瀬順晧「三条実美関係文書」(加藤周一ほか編『日本近代思想体系』別巻〈近代史料解説・総目次・索引〉、岩波書店、一九九二年)、梶田明宏「三条実美」(『近現代日本人物史料情報辞典』吉川弘文館、二〇〇四年)参照。

(42)『三條実美公履歴』(五冊、三條実美公履歴発行所、一九〇七年)。

第七章　神道碑の下賜

はじめに

明治期以降においては、政府の要職を務めた故人に対して天皇から金員・物品のほかに神道碑《しんどう》を下賜されることがあった。神道とは墓前につながる道のことを言い、その神道に故人の功績を讃えるために建てられた碑のことを神道碑という。この天皇から臣下に下賜された神道碑には勅撰碑文が刻まれた。一八九八年（明治三十一）から一九二六年（大正十五）までの間に毛利敬親、大久保利通、木戸孝允、大原重徳、広沢真臣、三條実美、島津久光、岩倉具視の合計八基の神道碑が建設されている。(1)

勅撰碑文が下賜された人物は、国葬の対象者と重なるケースもある。碑は三メートルを超える巨大な銅碑で、落成に当たっては『官報』で広く全文が発表された。たとえば、一九一三年五月に落成した大久保利通の勅撰碑の場合には、『官報』の「宮廷録事」の項目で「○勅撰文銅碑　贈右大臣従一位大久保利通ノ勲功ヲ表彰セラル、カタメ、特旨ヲ以テ東京市赤坂区青山南町墓前ヘ勅撰文銅碑ヲ建設セラレ侯爵大久保利和ヘ下賜相成リタリ」と前書きがあり、碑文の全文が掲載されているる。(2)神道碑の下賜は、国葬と同じく故人の生前の「功績」を天皇の名のもとに広く公表するものであり、一人の死を別格化するものであった。

八基の神道碑は、各人の伝記などで紹介されているほか、関係者には摺本が配布され、後日、日下部東作《くさかべとうさく》『大久保公神道碑』(3)などが出版されている。そのためか、神道碑の存在や碑文の内容は広く知られているが、製作過程や建碑の意図についての十分な検討はなされていない。だが、政府による個人の死の意義づけを検討しようとする場合、神道碑の下賜は贈位・贈官などと同じく重要な研究テーマと位置づけられるであろう。また、神道碑それ自体は故人を顕彰する性格のものであり、その意味においては個人の人物像の形成過程を探る上でも取り組まなくてはならない課題である。(4)

そこで、本論を補うべく、ここでは勅撰碑文銅碑の下賜に関して特に毛利敬親、木戸孝允、大久保利通の三名のケースを主に取り上げ、具体的な事実経過を史料に基づいてみていきたい。その上で、かかる営為にいかなる意図が込められていたのか考察したい。

一　勅撰碑文下賜の決定

先に示した八基の神道碑に関する情報を一覧化すると表15のようになる。神道碑建設決定の端緒は、木戸孝允が一八七七年（明治十）五月二十六日に死去した時点にある。木戸の墓碑の銘文を勅撰とすることは、太政官内の決裁を経たのちに、同年九月五日付で天皇が裁可し、同月十九日には一等編修官川田剛（甕江《おうこう》）へ撰文が命ぜられた[5]。木戸は、大久保利通と並ぶ維新および明治国家建

表15　神道碑一覧

発表年月	撰文年月	人名	撰文	書	篆額	所在地
一八九八年五月	一八九六年一月	毛利敬親	川田剛	野村素介	小松宮彰仁親王	山口・上宇野令香園
一九一三年五月	一九一〇年九月	大久保利通	重野安繹	日下部東作	伏見宮貞愛親王	東京・青山墓地
一九一三年十月	一九〇六年九月	木戸孝允	三島毅	野村素介	有栖川宮威仁親王	京都・霊山護国神社内
一九二五年四月	一九一三年三月	大原重徳	股野琢	北村信篤	閑院宮載仁親王	東京・谷中墓地
一九二五年四月	一九一三年三月	広沢真臣	高島張輔	杉山令吉	東伏見宮依仁親王	東京・世田谷区若林
一九二五年四月	一九一三年三月	三條実美	股野琢	杉渓言長	伏見宮貞愛親王	東京・護国寺
一九二六年十一月	一九二二年七月	島津久光	小牧昌業	松川敏胤	華頂宮博恭王	鹿児島・福昌寺跡
一九二六年十二月	一九二二年七月	岩倉具視	小牧昌業	杉渓言長	閑院宮載仁親王	東京・海晏寺

※各勅撰碑の碑文、『官報』から作成。
※各碑に表示された撰文の年月日が、脱稿・定稿日などによって基準が一定しないものは碑文の年紀に従った。

設の重大な「功労者」と認識されていた人物であり、葬儀においてもほかとの差別化を周囲の人物たちが意識していたことは前述の通りである。木戸の死亡時に勅撰碑文の下賜が話題に上り実現化されたのも、類似の発想から生まれたものであろう。

下賜の決定にいたる過程では、左のような議論がなされていた。

請命史臣故内閣顧問木戸孝允碑文議

伏惟ルニ贈位贈官諡号ヲ賜ヒ祠宇ヲ建ル等本邦典礼其功臣ヲ追賞セラル、所以ノモノ備ラズトセズ、而シテ漢土ニハ別ニ碑ヲ錫フノ制アリ、唐ノ太宗虞世南ヲシテ杜如晦ノ碑文ヲ作ラシメ、元ノ文宗有司ニ命シ満禿等ノ碑名ヲ立ル等是ナリ、嚮ニ中興勲臣故内閣顧問木戸孝允ノ薨去スルヤ弔祭追贈　恩命優渥至ラサル所ナシ、若シ更ニ例ヲ漢土ニ取リ　命ヲ修史ノ臣ニ下シ、其碑文ヲ撰定シ以テ之ヲ墓道ニ掲ケシメハ、獨孝允ノ霊地下ニ感泣スルノミナラス、国家功臣ヲ待ノ厚キ前古ニ卓越セルコトヲ天下後世ニ足ン、謹テ議ス

大書記官　巌谷修
大書記官日下部東作
大書記官　金井之恭(6)

内閣大書記官巌谷修・日下部東作・金井之恭の三名は明治期に多くの碑文の清書を手がけた書道に明るい人物たちである。大久保の神道碑の碑文は、日下部の手になる。巌谷らは、唐の太宗《たいそう》（李世民）がみずからの臣である杜如晦のために虞世南に命じて建設した碑や元の文宗による建碑の例を根拠にあげながら、木戸に贈位・贈官などの追賞とは別に碑文の選定を行うことを建言している。注目されるのは、墓碑文を勅撰とするのは下賜の対象者である木戸のためだけではなく、「国家」が「功臣」を手厚く追悼したことを「天下」と「後世」に示すためだと言及している点であろう。太政官は、巌谷らの建言を容れて勅撰碑文の下賜を決定した。天皇による碑文の下賜は、故人や遺族のためというだけではなく、国家のためになると認識されて実施されたといえる。

つづいて、一八七八年五月十四日に大久保が紀尾井事件で斃れた際にも「木戸孝允ノ前例ニ倣」って建碑が決定されている。(7)国葬に准ずる規模で行われた葬儀としては大久保がその初例となったが、前にみた祭粢料の下賜や贈位・贈官と合わせて墓碑撰文については、木戸の例を参照しながら大久保のそれも決定された。大久保の墓碑文の勅撰並びに撰文のための「行状取調」（生前の事蹟調査）は、同月二十日に上奏・裁可され、一等編修官重野安繹に墓碑撰文、元老院議官吉井友実に行状取調がそれぞれ命ぜられた。(8)

その翌年、一八七九年四月二十一日には、故毛利敬親に勅撰碑文を下賜することについて内閣書記官が起案、太政大臣三條実美・右大臣岩倉具視の決裁を請けた。同月二十九日には同案が上奏され、天皇の裁可を請けている。(9)敬親は、明治四年にすでに死去しており、死の直前には天皇から侍医が差遣され、死亡後には従一位を贈られていたが、(10)他界してから約八年を経て、「勤王ヲ唱へ、以テ中興ノ盛業ヲ輔翼セシ、其功績超絶固ヨリ言ヲ待タサル儀ニ付、特旨ヲ以テ」墓碑文を勅撰することが決定した。撰文を命じられたのは木戸のケースと同じく川田剛で、五月一日付で毛利家当主の元徳にその旨が達せられている。死亡時点から墓碑文勅撰の決定までに時間が空いている理由は、木戸への碑文の下賜決定を契機にある種の帳尻合わせとして木戸の旧主である敬親の撰文が検討されたからだと推定できる。

つづいて、同年五月一日に大原重徳が死亡すると、同月二十四日付で従四位大原重朝へ故重徳(贈正二位)の墓碑勅撰文の下賜決定が通知されている。大原については、「皇道ノ衰微ヲ憂ヒ心ヲ国家ニ尽シ其功労不少候」と宮内卿徳大寺実則から太政大臣へ上申があったことで実現した。大原の墓碑撰文は一等編修官巌谷修に、行状取調は正四位五辻安仲《いつつじやすなか》に命ぜられた。(11)以上のように、木戸の死をきっかけとして過去に死去した人物も含め、次々と墓碑撰文・行状取調が勅裁をもって決定されてゆく。

一八八三年七月二十日に死亡した岩倉具視に対して同様に墓碑撰文・行状取調が実施されたのはそれまでの慣例から当然としても、その少しのちの十月三日に故広沢真臣が対象者として決定されたのは、死去してから十年以上が経過していることを考慮すると不自然である。木戸と敬親のような旧主従関係によるつじつま合わせで追賞されたわけでもない。結論をいえば、「功臣」の間での恩賜の〝均等性〟が図られたことによる下賜の決定であった。広沢への勅撰碑文下賜の伺い文では、「(贈位や賜金などが)総テ木戸大久保二氏ト同一ノ恩遇モ被為在候上ハ、特別ノ御詮議ヲ以テ木戸大久保二氏ト同様勅撰ノ碑文ヲ賜ヒ、功績ヲ旌表セラルヘキ哉」と述べられており、ほかの追賞行為と同じく木戸や大久保と同様の恩賜を広沢にも行うべきであるといった観点から行われた決定であったといえる。(12)

右のように、個人の死の価値をさまざまな恩賜によって格づけする一方で、「功臣」の間ではその〝均等化〟が図られていた様子もみて取れる。こうした点は、大久保利通の葬儀について検討した第三章でも言及したところである。以後、前左大臣島津久光・内大臣三條実美が死亡した際にも木戸・大久保・毛利・大原・広沢同様、慣行に従って勅撰碑文の下賜が決定されており、島津は重野安繹、三條は川田剛に「特旨ヲ以テ」撰文が命ぜられた。日本近代史上においては、勅撰碑文は以上の明治国家形成期に重要な功績があったとされる八名へ下賜されている。(13)

二　最初の神道碑建設

広沢真臣への勅撰碑文の下賜が決定したのち、太政官は一八八三年(明治十六)十月九日、木戸孝允以下六名の「功臣」を対象とした建碑について鐫字《せんじ》（碑文を彫ること）並びに建設などのすべての事務を宮内省が担うように達した。[14] これに対して宮内省は、建碑に係る一切の費用が通常予算のほかに下げ渡されるのかどうか太政官へ確認している。[15] 太政官は、建碑に係る経費は臨時に別途下付すると回答しているが、碑文の撰文すら終わっていないこの段階では建設に着手することもなく、実際には必要とされる費用の算出および下げ渡しは行われないままとなっていた。

その後、一八八八年二月二十四日に宮内大臣土方久元は、内閣総理大臣伊藤博文に対して「碑文御下渡無之為メ今日迄其侭経過致来候」という状況、すなわち碑文の未完成ゆえに建碑が遂行されていないことを前段として述べ、建設費用にあてるため臨時帝室費として一名当たり金六五〇〇円×六名分＝三万九〇〇〇円を明治二十一年度中に宮内省へ交付するよう上申している。これは、三月九日付で認められ、未だ撰文は完了していなかったが同年度中に費用だけが先行して下付されることになった。神道碑は銅碑とされ、高さ八尺幅四尺・横幅一尺八寸で鐫字はおよそ一〇〇〇字程度、積台石は二重仕組で四方を鉄柵で囲むことが予定された。[16]

実質的に建碑作業に着手するのは、毛利敬親の碑文の内容が定まってからのことであった。それまで、「中止同様」（宮内省内匠頭の言）[17] であったのがこれをきっかけとして一挙に動き始めている。撰文案は、一八九五年三月九日宮内大臣から上奏され、天皇の裁可を受けた。[18] 同じ頃、建碑の図案検討、費用算出・支出など諸般の計画・調整に当たるべく「勅撰文功臣碑建設委員」が七名任命された。委員には、宮内次官花房義質《よしもと》、皇太后宮大夫杉孫七郎、皇后宮大夫香川敬三、内蔵頭白根専一、内匠頭堤正誼、内事課長股野琢、調査課長山崎直胤ら宮内省の幹部が就いている。(19) この委員は、敬親の撰文が近く裁可されることを察知した山崎調査課長が発案して、二月後半に宮内省内に設置されたものであった。花房が全体を総括し、そのもとで会計を担当するのが内蔵《くら》寮、設計関係を担うのが内匠寮といった具合に業務分課している。

同委員はすぐさま設計図や仕様書・概算書を作成し、三月中には必要経費を金一万三四五三円五十二銭と算定した。(20) その内訳は、銅碑建設費が一万二九八九円十銭、撰文者手当二〇〇円、筆者手当五十円、場所見分のための出張旅費二一四円四十二銭である。銅碑建設費には、銅碑を鋳造する代金のほかに周囲を取り囲む銅柵や土台となる石材の購入代金が含まれている。石は、現地で調達できる徳山産花崗岩を使用することになった。この予算は、一八八八年当時見込まれていた六五〇〇円より大幅に高い金額となったが、帝室経済会議の決裁を経て支出が認可され建設に取りかかることになった。(21)

敬親の神道碑は、毛利家の墓所がある山口県の香山公園（現山口市）の一角に建設されることになったが、銅碑・銅柵は東京で鋳造して現地まで運搬し、台石の調達やそのほかの建設工事は山口県知事へ依頼して現地で行うこととされた。東京でかかる鋳造費用のほか、堤内匠頭から山口県知事大浦兼武《かねたけ》に同県で係る経費についての見積もりを依頼したところ地銅の価格が高騰したことや建設予定地の整備、資材の運搬に想定以上の金銭を費やすことから、前述の通り一八八八年度に下付された額では不足することが判明し、四九九四円十銭の増額が上申され、許可された。(22) 碑文の浄書は、長州藩出身の錦鶏間祗候《きんけいのましこう》野村素介、銅碑の鋳造は鋳金家秦蔵六に申し付けられた。また、篆額は小松宮彰仁親王に依頼された。(23) 碑文の清書が脱稿したのは、一八九六年一月のことである。

碑文が脱稿したのち、内匠寮が主導して宮内省・山口県間で調整が図られながら、まず銅碑を据え付けるための基礎工事が開始された。その行程では、期限や施工方法を巡って試行錯誤があったが、なんとか台石の据付が完了し、一八九八年一月二日、山口県知事秋山恕卿《ちかのり》から内匠頭股野琢へ「チョクセンドウヒダイイシスエツケズミニツキハヤクドウヒケンセツアリタシ」(勅撰銅碑台石据付済みに付、早く銅碑建設ありたし)との電報が発せられている。(24) すでに銅碑・銅柵の鋳造を終えていた内匠寮は運送手段を算段し、一月二十三日に神戸盛航株式会社の汽船攝陽丸にて積み出した。銅碑・銅柵は、翌月一日三田尻港に到着している。(25) この銅碑が職工たちの手によって組立られ、そのほかの工事も完了し、一八九八年三月十八日に山口県知事から内匠頭へ「チョクセンドウヨ(ヒ)ウホンジツラクセイス」(勅撰銅碑本日落成す)と第一報が届けられた。二十一日には、山口県出張中の内匠寮技手小平義近からも碑の落成が上申されている。(26) これを請けて、宮内省から勅撰文功臣碑建設委員の杉孫七郎が山口県に出張して小平技手とともに立会見分を行い、碑の完成が見届けられた。(27) 落成した碑と建設地周辺の略図は図9の通りである(中央が碑)。碑の落成が確認されると、山口県知

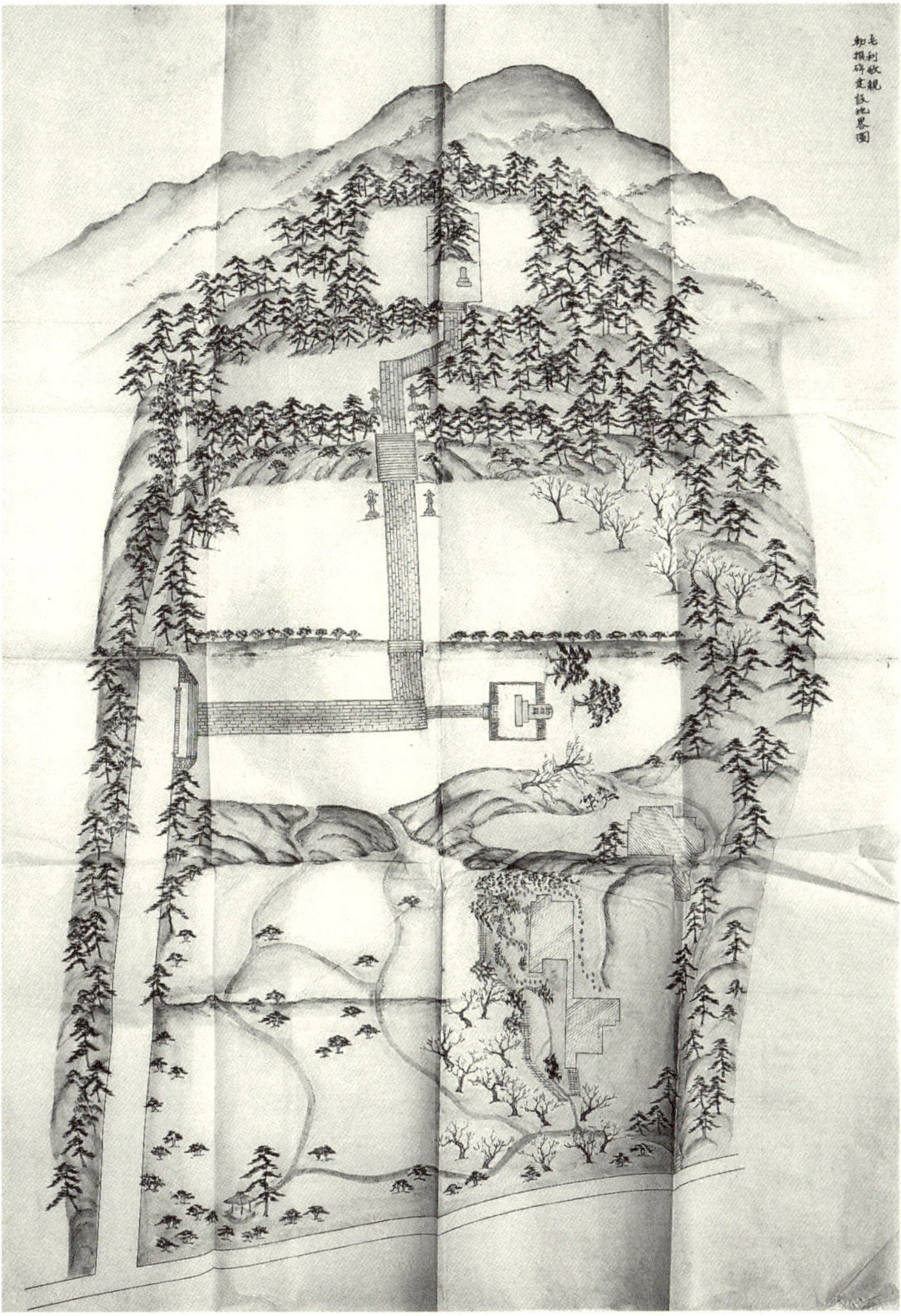

図9　毛利敬親勅撰碑建設地略図
（「贈従一位毛利敬親勅撰文銅碑建設録」第3号文書宮内庁宮内公文書館蔵）

図10　毛利敬親勅撰銅碑写真
（「毛利家文庫」山口県文書館蔵、写真史料 81）

事から神道碑の建設事業は、「実ニ未曾有之工事ニシテ施工上最モ注意ヲ要シ」たことから、関係者にしかるべき賞与を下すように要望があり、山口県書記官吉田醇一ほか十名へ手当金として下賜された。[28]

完成後、五月十九日に碑が毛利元昭に下賜されて、同家において永久に保存するように宮内省から達せられ、同日付で元昭は請書を提出している。[29] 下賜の翌日、『官報』の「宮廷録事」欄にて碑が落成し、毛利家へ下賜されたことが公表された。発表文では、「○勅撰文銅碑　贈従一位毛利敬親ノ偉勲ヲ表彰セラル、カタメ特旨ヲ以テ山口県吉敷郡香山墓畔へ勅撰文銅碑ヲ建設セラレタリ」と述べられ、臣下に対する天皇の「特旨」であることが強調された。『官報』には、「故長防国主贈従一位毛利公偉勲銘」との篆額がある同碑の碑文の全文が掲載されている。碑文は、敬親の略歴が簡潔に紹介されたものであり、銅碑の本体だけで十尺（約三メートル）にも及んだ。[30] 宮内省は、発表後に山口県知事へ神道碑の写真を撮影・送付するように依頼し、写真一組は天皇に献上され、一組は毛利家へ下賜、残りは建碑に功績があった杉孫七郎、浄書を担当した野村素介へ下賜されたほか、内匠寮にて保管された。[31]

敬親の神道碑が建設・下賜されたた過程にみられるように、碑文を勅撰とすることが決定されたのちには、宮内省（特に内匠寮）が主導して現地と調整しながら建碑が進められた。神道碑の性格から墓地が所在する場所に建設されるため、必然的に碑そのものを観覧する者は限定されることになる。だが、『官報』で碑の落成・下賜が発表されたほかに戦前期を通じて複数種類の絵葉書が販売されていたことが確認できるなど、神道碑は墓地と合わせて史蹟・名所として認識されるようになっていた。(32) そうした媒体を通じても、人びとは勅撰碑文が刻まれた神道碑に接してゆく。前述した巌谷修らの意見書にみられるように、直接的・間接的に勅撰碑文に触れた人びとが、故人である旧長州藩主敬親と同時に「功臣を悼む国家」をイメージすることを碑の制作者側は期待していた。

三　大久保・木戸の勅撰碑文の撰文

毛利敬親につづいて勅撰碑文の草案が脱稿をみたのは大久保利通であった。つづいてとはいっても、大久保の碑文が脱稿したのは一九〇〇年（明治三十三）のことであり、敬親の碑文脱稿からは約四年の時を経ている。大久保の次には木戸孝允の碑文の草案が成るが、それもさらに間隔が空いており一九〇六年のことであった。大久保や木戸の場合、選者が脱稿してから定稿までにもさらなる歳月を要しているが、その大きな理由は撰文の困難さにあったようである。

そもそも、大久保と木戸の碑文の草稿は一八八一年段階でとりあえずの案が出来上がっていた。同年七月三日、大久保の碑文撰文を命ぜられていた重野安繹と木戸の分の撰文を担当した川田剛は、修史館の編修官たちに草案を提示して意見を照会している。編修官の一人で川田に近い立場にあった依田学海は、川田の案については事前に確認済みであったので何も述べなかったが、重野の方には人名の表記法について若干の見解示した附箋を貼り付けている。(33) 川田・重野の草案ともに同時点では定稿ならず、川田は結局碑の完成を見ぬまま一八九六年二月二日に死去し、事業は東宮《とうぐう》侍講三島毅（中洲《ちゅうしゅう》）に引き継がれた。(34)

修史館内において川田と重野が対立して派閥論争の様相を呈していたことは知られており、同年川田は修史館を辞して宮内省四等出仕へ異動することになる。(35) 両者の論争が定稿までの障害になっていたであろうことは想像するに難くないが、木戸や大久保の碑文は敬親のそれと比べて圧倒的に長文であり、数多の事蹟が文中に盛り込まれたことも多くの時間を費やした主たる要因であろう。敬親の碑文の本文の文字数が四〇〇字に満たないのに対して、大久保の碑文は実に三〇〇〇字弱にも及ぶ。本文の記述をめぐっては、編修官や宮内官らの手によって何度も修正が繰り返され、撰文担当者がそれを不満に思うこともあり、容易には定稿にいたらなかった。左は、一九〇〇年に撰文を脱稿した際に重野が内閣総理大臣山縣有朋に宛てた上申書であるが、ここからは重野の苦悩が如実に伝わってくる。

贈右大臣大久保公神道碑撰文上申書

明治十~~六~~〔一〕年~~七~~〔五〕月~~廿~~〔三十一〕日撰文之命ヲ蒙リ、爾来状ニ拠リ起草校訂数次、其際脱稿シテ上呈セシ

一、原稿《第一次》字数四千六百六十余

此ノ時内閣諸公ヨリ附箋及ヒ朱批ヲ以テ添削スヘキ廉々ヲ示サル、且其後ニ至リ銅碑ニ鐫刻ノ都合ニ付、字数凡一千許ニ取縮メ可申旨ノ内命アリ、因テ示サレシ廉々ヲ一々遵依シテ、更ニ

一、改修《第二次》三千六百余字

猶繁ヲ削リ、冗ヲ除キ精々減省シテ

一、更正《第三次》二千八百二十余字

右浄書上呈　御内達ノ旨趣ニ基キ、以上数回改稿致シ候得共、大政復古百事維新之際国家ノ大事業前後記載可致条項夥シク、若シ一概省略候テハ事実ヲ闕ク而已ニ無之、奉　勅碑文之体裁ヲ失シ可申、彼是レ苦神ノ末右ノ字数迄ニ減殺決定致シ候、

奉勅撰神道碑ノ例左ニ

一、欧陽修　三篇

一、蘇軾　三篇

一、虞集　二篇

一、宋濂　一篇

右抄録シテ別冊トナシ参考ニ備フ
此ノ他唐代韓愈ノ神道碑数篇有之候得共、奉勅撰ニ非ラサルヲ以略
以上諸家ノ撰文孰レモ数千字ノ多キニ渉リ、其人ハ皆将相大臣国家ニ大勲功アル者故ニ其謀謨区画ヲ詳記シテ、天下後世ニ垂示スルヲ主トシ即チ史伝ノ体裁ト粗相似タルモノニ有之、此レ神道碑ノ普通碑文墓志ト其撰ヲ異ニスル所以ニ有之候、
前述之旨意御汲量被下、御評議之上御上奏被成下、蒙御裁決度別紙浄写文幷ニ先年御附箋ノ原稿相副此段言上候也(36)

重野は、中国の例を引き合いに出しながら神道碑の性格を説き、内閣から指示された一〇〇〇字の文字数は、勅撰碑文が有する故人の業績を史伝の体裁をもって後世に示すという性格上少なすぎると主張している。四〇〇〇字を超える原案から三〇〇〇字を割るまでに圧縮したのだからこれを定本として上奏して欲しい、と重野は山縣へ脱稿までの苦労と思いを直接的に伝えている。しかしながら、必ずしも重野の望んだ通りにはならず、こののちも校訂作業は続けられた。以後も、大久保の次男である牧野伸顕に事実関係の問い合わせが行われたり、宮内大臣が重野に対して碑文の体裁などについて照会したりしている。(37)

重野の原案に対する何度かの校訂作業において主に指摘されたのは、碑文の内容が史実であるの

かどうかという実証的な観点からの修正要求や文章の体裁に関するものであった。大久保の碑文の撰文過程で用いられた原案に朱筆で修正指示がなされた史料や原案に貼り付けられた附箋が「神道碑建設録」や大久保家に伝来した神道碑文撰文関係史料(38)から明らかとなるが、これらをみるとその様子が詳らかにわかる。木戸の碑文に関しても同様に校訂の過程がわかる資料が残されている。たとえば、「此時大久保ハ参議ニアラズ、参与ナリ、改ムベシ」、「攘夷ノ詔ヲ頒布シタルハ五月ニアラズ、四月ナリ」といったように年月日から官職名などの事実関係について相当程度、細かい検証が行われている。(39)しかしながら、そうした実証的観点からの改訂というだけではない修正の形跡もみられる。大きな修正箇所としては次の一文があげられるであろう。

（修正前）
公薦大村永敏、大革兵制、厳為戦備、初九門之役、薩人援幕府長人怨焉、至此幕府復召薩兵、辞以征討無名、当是時薩議一変、西郷隆盛大久保利通等在要路、而土人坂本直柔来馬関、説薩長連合、衆懲前役疑之、公獨面之、諒其意

（修正後）
公薦大村永敏、大革兵制、厳為戦備、而会土人坂本直柔来馬関、説薩長連合、公獨面之、諒其意(40)

元治元年（一八六〇）に起きた禁門の変においては、薩摩藩は幕府側に立って御所の守衛に当たり、結果的に長州藩兵と戦闘を繰り広げた。その因縁から長州藩は薩摩藩を怨んでいたが、坂本龍馬の仲立ちで大久保・西郷隆盛と木戸が会談し、薩長盟約が結ばれた。原案では、こうしたストーリーを三島あるいはその前任者である川田が作文したが、校訂の段階で修正要求があり、禁門の変での薩長衝突の部分は完全に削除された。その理由は、薩摩藩からの抗議にあった。左の重野から三島に宛てられた書翰からその模様が鮮明に読み取れる。

一昨日は能楽堂御同観、興味無極、不覚饒舌失敬奉謝候、陳ハ過日来、御意伺度件有之、此堂ニ於て別座相願度存居候へ共、雑沓中其義不相叶、仍て以愚札得貴意候、其儀ハ木戸公碑文之事ニ御座候、右碑文中、長藩兵先年上京、終ニ及戦争候紀事中薩人助幕府ト有之候、「助幕府」の三字ニ付、旧薩藩人中議論有之由ニて、此度大久保碑文ハ木戸碑文ニ照し二三箇所訂正相加へ候序ニ、何トカ此三字刪除相叶間敷哉ト之意向ニ御座候、御承知通此戦争自分ハ長薩二藩和熟不致、仍て三字被下候義と被存候へ共、終に二藩和合体御一新之功業相立候義候処、大碑文中三字相残り候てハ、後人之目を引く議ニも可相成哉、且又当時ハ幕府禁闕守護之責任を担ひ居、諸藩も同様致尽力候ハ、時勢不得止義ニ可有之哉と申意味にて、先日税所枢密より杉君へ致内談候処、熟考可致との返詞為有之由ニ候、其後如何之模様候哉、税所老人よりも賢慮伺度との事ニ候、実ハ老拙彼両碑対校致し候節ハ、専朝廷より二公御待遇上同一有之度と存し、訂正相加へ右三字ハ気付不申候処、議論を承り尤かと被存候、賢慮如何御座候哉、杉君と可然様御打合被下度奉懇願候、書不尽意、恐惶頓首

明治四十一年十月廿五日　　重野安繹

三島中洲賢台(41)

重野は、旧薩摩藩出身者の間で碑文中にある「助幕府」(「援幕府」)の三字、すなわちの薩摩藩が幕府に協力したとの叙述をめぐって議論があったとし、削除を求めている。重野は三島に対して、政府は大久保と木戸の死後の待遇については同一化することを指向するので、両者の碑文についても照合して歩調を合わせる必要があると説く。重野は、自身が作成した大久保の碑文に関して木戸のそれを参照しながら二・三箇所の修正を加えたという。この重野から三島への申し入れの結果、三島は重野の提案を受入れ、この三字を含め禁門の変において薩摩藩が幕府側に与したことを示すくだりを削除した。

このように、天皇の名のもとに編まれる勅撰碑文は、恩賜金の額などと同じように「功臣」たちの間でのバランスが取られており、その中では他者に配慮した叙述が行われたといえる。換言すれば、勅撰碑文の中において当事者である故人はもちろん政府全体として不都合な記述はたとえ史実

であったとしても叙述することはタブー視されたのである。かくして、碑文の撰文に当たっては、一方で実証的な叙述方法を採りながらも、もう一方では旧藩の歴史意識[42]を色濃く反映した議論がなされており、そのことが碑文の定稿を遅らせた要因の一つでもあった。最終的に木戸の碑文が定稿となったのは一九一一年八月のことで、九月二十三日に浄書されて明治天皇に定本として上げられた。[43]大久保の碑文の定稿時期は定かではないが、大久保と木戸の両者についてはお互いの内容を参照しながら校正作業が行われていたことや、碑の建設時期を鑑みるに木戸と大きく前後しないで定本が完成したものと考えられる。

四　大久保・木戸の神道碑落成

大久保利通と木戸孝允の碑文が脱稿したのちには、校訂作業と併行して建設のための準備が進められていった。一九〇六年（明治三十九）十月三日には、宮内省内事課から内匠寮へ建碑の材料に関する通知が出されている。[44]また、翌一九〇七年九月二十二日付宮内省内事課丙第五一七号をもって大久保・木戸の神道碑を建設するため、内匠寮で貯蔵している石を研磨し、参考用に毛利敬親の神道碑の木造模型を調製するよう内事課長から内匠頭に要請があった。十一月二十六日にはそのための費用六五六円九十九銭が支出されている。[45]

実質的な建設に向けて緩やかにではあるが動き出したのは、右の通り一九〇七年前後のことであった。しかしながら、神道碑の様式についてはすでに重野安繹が大久保の碑文を脱稿した時点から検討が始まっている。宮内大臣田中光顕《みつあき》からの下問を請けて、当時東京帝国大学文科大学教授となっていた重野は、「金石碑文ハ永久不朽」のものであるから文字はなるべく大きく、深く刻んで摩滅を防ぐこと、唐代の著名な碑は一字が二寸以上となっていること、篆額は勅撰碑の場合には「官位某公碑」あるいは「官位某公神道碑」として篆額者の姓名は記さないのが普通であると解説している。ほかにも、重野は当時金鶏間祗候で書家としても著名であった金井之恭と相談して一行目の題書の書法、欠字の用法などを田中に助言した。(46) 必ずしも重野の意見がそのまま通ったわけではないが、碑文の内容だけでなく碑の形式・様式にまで重野は強い発言力を持っていたことがわかる。

一九〇一年六月二十四日には勅撰文功臣碑建設委員会が開催された。当時の委員は、宮内次官花房義質、枢密顧問官杉孫七郎、皇后宮大夫香川敬三、内蔵頭渡辺千秋、内匠頭堤正誼、内事課長股野琢と毛利の碑建設時とは若干顔ぶれが変わっている。この日の委員会で作成された覚書によれば、神道碑の形式は毛利敬親の例にならうこと、勅撰碑文の文字数は一八八八年の内閣での決議にしたがって一〇〇〇字以内とすることなどが決定された。(47)

だが、碑文の定稿が滞ったこともあって、本格的な建設への着手は一九〇七年以降となった。一九一〇年一月には、大久保の碑文の清書を命ぜられた日下部東作が文字の大きさ縦一寸六分・横一寸七分で試鋳用の書を作成し、宮内大臣官房総務課長から東京砲兵工廠へ銅碑の試鋳（銅板に凸凹二様のもの）が依頼された。[48] 四月二十一日には、大久保と木戸の碑の形式に関して勅撰文功臣碑建設委員が、①文字は銅碑の表面に収まり切らない時には背面および左右の側面を使用すること、②寸法は毛利敬親の神道碑に準拠すること、③輪郭や唐草などの装飾を施さないこと、④字割は筆者に一任することを決議した。[49] ここにおいて、一〇〇〇字とされた字数制限は実質的になくなり、大久保や木戸の碑文は四面に文字が刻まれることになった。寸法を敬親の碑と同じサイズにするとされたのは、碑文下賜の対象者間で差異が生じないようにするための配慮であろう。五月三十一日、霊山墓地における木戸の神道碑建設地が定まり、十月二十四日付で宮内大臣から内匠頭に宛てて大久保・木戸の神道碑建設を取り扱うよう通達が出された。[50] 合計で大久保の碑には一万二九三六円八十銭、木戸の碑には一万九四八〇円（建設地購入費を含む）の経費が支出されている。[51] また、撰文を担当した重野と三島毅に五〇〇円、清書した日下部と野村素介に二五〇円が天皇から下賜された。[52] ほかに、試鋳の際に作成された大久保の銅板二枚が申し出により日下部へ下賜された。[53]

結果的に、大久保の碑は一九一三年（大正二）五月、木戸の碑は同年十月とほぼ同時期に落成した。大久保の神道碑は、内匠頭片山東熊《とうくま》から宮内大臣渡辺千秋に竣功の報告があった五月六日の翌七日に、大久保利和へ落成したことと同家にて永久に神道碑を保存すべきことが達せられた。木戸家の当主孝正へも九月三十日に同様の旨が通達されている。通達されたのち、両者の勅撰文銅碑が

「特旨」をもって故人の勲功を表彰するために建設されたことが発表された。[54]

碑文の浄書の原本は、それぞれ筆者に下付されているが、これとは別に碑文の摺本が作成され、関係者に配布されている。大久保・木戸両名の神道碑の摺本は、合計で二十部が作成され、一部は明治天皇の「御手許」に上り、篆額者である伏見宮貞愛親王と有栖川宮威仁親王、侍従長徳大寺実則、渡辺宮内大臣以下の宮内省幹部、勅撰文功臣碑建設委員の面々、撰文者である重野と三島、浄書の筆者である日下部と野村らに配布されたほか、大久保家と木戸家、東京帝室博物館、図書寮、内匠寮にも一部ずつ納められた。[55] 大久保のケースをみると勅撰碑文は、摺本が作成されただけではなく、翌年に出版もされている。[56] その後訳文が作成されて顕彰を目的として発されたり、日下部の書が書道の見本として頒布されるなど[57]神道碑とそれに刻まれた勅撰碑文は人物の顕彰の中で重要な位置を占めるようになる。

図11　贈右大臣従二位大久保公神道碑
（東京都青山霊園、1901年に従一位に追贈）

小括

大久保利通と木戸孝允の神道碑が落成したのちに製作が始まる広沢真臣らの神道碑についても、おおよその作成手順は大久保・木戸のケースに同じである。碑文の撰文者が原案を脱稿したのちに、故人の関係者で当時の様子を知る人物や維新史料編纂事務局の専門家などに意見を求めた。校訂作業は繰り返し行われ、定稿までには長い時間を要している。(58)

一番初めに落成した毛利敬親の神道碑は、ほかと比較して碑文自体が非常に短い。また、碑文の内容が敬親の業績を褒め称えているのは当然としても、大久保以降の碑と比べると具体的な事蹟についての叙述がみられない。碑の寸法については、敬親以来、「功臣」たちのバランスを考慮してすべて同じ規格とされたものの、敬親の神道碑と大久保以降のそれでは碑文に重点を置いている点で大きく異なる。神道碑が勅命をもって建設されたという事実だけでなく、碑文が読まれることを前提にしてその内容が重要視されたのである。

この神道碑がほかの顕彰碑の類と一線を画すのは、何よりも碑文が天皇の命によって編まれたものだということである。勅撰文という形式であるがゆえに、その内容に誤記がないかが慎重に検討され、他者にとって不利益となるような叙述は排された。重野安繹が、旧薩摩藩関係者からの意見を三島毅に伝え、修正を求めたのはそれを端的に示した出来事である。

「特旨」をもって建設・下賜される神道碑は、木戸孝允死亡時に勅撰碑文の下賜を建言した巌谷修らが主張するように、故人のためだけに建設されるのではなく、天皇・国家がかつての「功臣」を手厚く処遇していることを示し、神道碑を通じて天皇とそれを直接的・間接的に目撃した人びとが「功臣」の記憶を共有化するための手段でもあった。この点において、葬列という空間の中で天皇と民衆が一人の「功臣」の死を惜しみ悲しむ国葬と、葬儀と碑という形態上の違いこそあるが、内在的には同一の目的を持っていたといえよう。国葬が、死亡時における一過性のものであるのに対して、神道碑には永続的にそれが期待されている。

註

（1）『官報』参照。
（2）『官報』大正二年五月八日。
（3）日下部東作『大久保公神道碑』（西東書房、一九一三年）、大久保甲東先生五十年祭典会編『大久保公神道碑訳文』（大久保甲東先生五十年祭典会、一九二八年）など。また、近藤高史『明治書道史夜話』（芸術新聞社、一九九一年）において書道史の観点から神道碑に言及したものはある。
（4）人物の顕彰については、拙稿「明治・大正期における幕末維新期人物像の形成――堀田正睦を事例として――」（『佐倉市史研究』二二、二〇〇九年）ほか参照。
（5）「神道碑建設録」一、第二号文書（宮内庁宮内公文書館蔵、識別番号九〇一〇）。
（6）「神道碑建設録」一、第二号文書。

（7）・（8）「単行書・官符原案」原本・第十四（国立公文書館蔵、請求番号本館―二A―〇三三―〇五・単〇〇二三二四一〇〇）。

（9）「公文録」明治十二年・第五巻・明治十二年五月・各局（内閣書記官局～元澳国博覧会事務局）（国立公文書館蔵、請求番号本館―二A―〇一〇―〇〇・公〇二四二七一〇〇）。

（10）「太政類典」第一編・慶応三年～明治四年・第一巻・制度・詔勅・臨御親裁・禁令・布令掲示（国立公文書館蔵、識別番号本館―二A―〇〇九―〇〇・太〇〇〇〇一一〇〇）。

（11）「公文録」明治十二年・第五巻・明治十二年五月・各局（内閣書記官局～元澳国博覧会事務局）。

（12）「公文録」明治十六年・第七巻・明治十六年十月・太政官内閣書記官局・文書局・会計局・賞勲局（請求番号本館―二A―〇一〇―〇〇・公〇三四五五一〇〇）。

（13）「神道碑建設録」一、第十六号文書。

（14）「木戸孝允、大久保利通、毛利敬親、大原重徳、岩倉具視、広沢真臣勅撰文碑石建設録」（宮内庁宮内公文書館蔵、識別番号四一七二）。

（15）「公文録」明治十六年・第百六十六巻・明治十六年九月～十一月・宮内省（請求番号本館―二A―〇一〇―〇〇・公〇三六一四一〇〇）。

（16）「神道碑建設録」一、第十一号文書。

（17）「神道碑建設録」一、第十七号文書。

（18）「神道碑建設録」一、第十四号文書。

（19）「神道碑建設録」一、第十五号文書。

（20）「神道碑建設録」一、第十七号文書。

（21）「経済会議録」明治二十九年、第九号文書（宮内庁宮内公文書館蔵、識別番号二一七四四）。

（22）「神道碑建設録」一、第二十二・二十三号文書。

（23）「神道碑建設録」一、第十七・二十号文書。

(24)「贈従一位毛利敬親勅撰文銅碑建設録」第二号文書（宮内庁宮内公文書館蔵、識別番号四一七三）。
(25)「贈従一位毛利敬親勅撰文銅碑建設録」第二号文書。
(26)「贈従一位毛利敬親勅撰文銅碑建設録」第三号文書。
(27)「神道碑建設録」一、第二十四号文書。
(28)「神道碑建設録」一、第二十七号文書。
(29)「神道費建設録」一、第二十五号文書。
(30)『官報』明治三十一年五月二十日。
(31)「神道費建設録」一、第二十六号文書。
(32)たとえば、山口県立文書館蔵「内藤家文書（下松市）」（請求番号五七五―八）や「田村哲夫文庫」（請求番号九四七）に敬親の神道碑の絵葉書が蔵されている。
(33)『学海日録』第五巻、一八八一年七月三日条（岩波書店、一九九二年、三四頁）。
(34)「神道碑建設録」一、第二十八号文書。
(35)永原慶二『二〇世紀日本の歴史学』（吉川弘文館、二〇〇三年）の「I近代歴史学の成立」など参照。
(36)「神道碑建設録」一、第三十一号文書。
(37)「神道碑建設録」一、第三十一号文書。
(38)本史料の閲覧に当たっては、大久保家の皆様に大変お世話になった。記して感謝申し上げる。著者は大久保家にて閲覧したが、その後国立歴史民俗博物館に寄贈された。本書で細かくとりあげる余裕はないが、本史料と「神道碑建設録」の草稿に残る修正痕から試行錯誤した碑文の成立過程がよくわかる。
(39)「神道碑建設録」一、第三十一・四十号文書。

(40)「神道碑建設録」一、第四十号文書。

(41) 一九〇八年十月二十五日付「三島毅宛重野安繹書簡」(大学資料展示室運営委員会編『三島中州と近代――其一――』〈二松学舎大学附属図書館、二〇一三年〉写真版所収、三〇・三一頁)。

(42) 旧藩の歴史意識に関しては、大久保利謙「王政復古史観と旧藩史観・藩閥史観」(『法政史学』十二、一九五九年)が代表的成果であり、近年では、日比野利信「維新の記憶――福岡藩を中心として――」(明治維新史学会編『明治維新史研究七　明治維新と歴史認識』吉川弘文館、二〇〇五年)、前掲註(4)拙稿「明治・大正期における幕末維新期人物像の形成」などに事例研究が蓄積されている。

(43)「神道碑建設録」一、第四十号文書。もっとも、大久保・木戸の碑文はともに一九〇八年七月段階で一応奏覧を経ており、それぞれ伏見宮貞愛親王、有栖川宮威仁親王へ明治天皇から篆額するよう仰せ付けられている(「神道碑建設録」一、第三十一号文書)。一九一一年には、同一九〇八年に奏上されたものに修正を加えたものとして天皇へ上げられた。

(44)「神道碑建設録」一、第二十九号文書。

(45)「神道碑建設録」一、第三十号文書。

(46)「神道碑建設録」一、第三十一号文書。

(47)「神道碑建設録」一、第三十一号文書。

(48)「神道碑建設録」一、第三十二号文書。

(49)「神道碑建設録」一、第三十三号文書。

(50)「神道碑建設録」一、第三十四・三十五号文書。

(51)「神道碑建設録」一、第四十一号文書。

(52)「神道碑建設録」一、第三十七・四十七号文書。

(53)「神道碑建設録」一、第四十六号文書。

(54)「神道碑建設録」二、第四十九・五十三号文書（宮内庁宮内公文書館蔵、識別番号九〇一一）。
(55)「神道碑建設録」二、第四十八・五十一号文書。図書寮に納められた分は、現在宮内庁書陵部図書寮文庫に所蔵されている。「〔贈右大臣従一位〕大久保公神道碑」（宮内庁図書寮文庫蔵、函架番号B二―八八）、「〔故内閣顧問贈従一位〕木戸公神道碑」（宮内庁図書寮文庫蔵、函架番号B二―八八）。
(56) 前掲註（3）日下部『大久保公神道碑』。
(57) 前掲註（3）日下部『大久保公神道碑』。
(58)「神道碑建設録」二、第五十六～六十二号文書。

第八章　地方における公葬
――大名華族の葬儀

はじめに

本書では、政府が主導する葬儀に着目して日本における公葬の成立過程を追ってきた。それは、すなわち一八九一年（明治二十四）に催された三條実美の葬儀に一応の結実をみる国葬成立・完成の軌跡といえる。

一方で、市町村を単位として行われた公葬も明治期以降形成されたものであり、国葬の成立と密接不可分の関係にある。被葬者は、各地域に「貢献」があったか、あるいは当該地域出身者で国家に大きな「功績」を残したとされる人物たちである。国葬は、戦後日本では吉田茂を最後として行われていないが、市町村単位での公葬は制度として今なお残存し、実施されてもいる。本章では、地方行政体を主体とした公葬のうち、初期に行われた事例を検討したい。

右のような葬儀の意義を一般化するには、各地域における時代ごとの政治・社会情勢と特定個人の死との関係性を念頭においた事例研究の蓄積が不可欠となるが、ここでは明治政府から「皇室の藩屏」としての役割を求められた華族の葬儀のうち、一九一一年に実施された旧佐倉藩主堀田正倫の葬儀をとりあげて一応の見解を示しておきたい。当時、制度が未確立であったため公葬と定義されることはないが、正倫の葬儀は旧佐倉藩地域を挙げての一大行事であり、実質的には公葬に類するかたちで執行されたものであった。[1]

旧大名家史料のうち、明治期以降に作成された文書が近年飛躍的に公開され、それに比例するかたちで旧藩社会と旧藩地域の研究が推し進められてきているが、その一環として大名華族の葬儀も若干ながら紹介されている。旧佐倉藩に関しては、旧藩主や旧藩士の動向を検討した真辺将之や藤方博之の優れた研究をはじめ、著者もいくつかの拙稿を発表してきた。しかしながら、正倫の葬儀についてとりあげた論考は皆無である。また、旧佐倉藩を含めて個別の大名華族の葬儀と地域、あるいはその先にみえる国家との関係について、真正面から取り組んだ研究は存在しないのが現状である。[2][3][4][5][6][7]

政府が主催する国葬の場合、対象者は「維新の元勲」であったり、内閣総理大臣の地位に長くあった政治家であったりと、多少のぶれはあってもある程度「功臣」の共通した要素が見出せる。[8]

地方行政体の場合も、市町村長が対象となるケースも少なくないが、公職にない人物の事例も存在する。正倫も廃藩以降佐倉地域における公職に就いたことはなく、死亡時も爵位・位階・勲章を除けば公的な肩書きはない。〝最後の佐倉藩主〟というだけでは、明治も四十年を過ぎた時点で実質的な公葬が実施されたことに合点がいく要素ではないであろう。

本章では、なぜ堀田正倫の葬儀が旧佐倉藩地域において公葬に準ずるかたちで行われたのかという課題、つまり生前に正倫がこの地域でいかに振る舞い、どのような存在と見なされていたかを分析した上で、葬儀がどのような意味を有したのかを検討したい。

一　正倫の佐倉帰還

堀田正倫は、嘉永四年（一八五一）十二月八日に堀田正睦の四男として誕生。安政六年（一八五九）に正睦の隠居（のちに蟄居）を受けて佐倉藩十一万石の藩主の地位を襲った。堀田家は、江戸城の伺候席が帝鑑間《ていかんのま》詰のいわゆる譜代大名であり、慶応四年（一八六八）に「朝敵」となった前将軍徳川慶喜の赦免歎願のため上洛して謹慎処分を受けた(9)。明治二年（一八六九）六月十八日には佐倉藩知事となり、廃藩後は一八七六年十二月三十一日に宮中祗候に任ぜられた（一八八三年免）。一八八四年七月七日には伯爵を授与されている。正倫の死亡直前に作成された「叙勲裁可書」では、彼の性行を次のように評している。

資性温厚篤実ニシテ、謹厳己レヲ持シ、寛厚人ヲ容レ、上ヲ敬シ下ヲ憐ミ、父母ニ奉持シテ孝養至ラサルナク、加フルニ学識ニ富ミ、就中仏典ニ通暁シ、実践躬行、以テ其範ヲ垂ル故ヲ以テ、其徳望郡内ニ弥リ引テ県下ニ及フ、加之常ニ社会ノ利益ト人道ノ扶殖トニ存シ、国家有事ノ秋ニ臨ミテハ困難ヲ避ケス、煩労ヲ厭ハス、進ンテ之ニ力ヲ效シ、其無事ノ時ニ当リテハ親ラ農桑ヲ執リ、殖産ヲ励マシテ、国利民福増進ニ勉メ、教育ヲ奨シテ、世道人心ノ匡済ヲナス等一モ其至誠惻怛ノ情ニ基カサルハナシ(10)

叙勲の推薦状という史料の性質からして、内容を割り引いて読まなくてはいけないのは当然であるが、廃藩以後、宮中祇候以外の公職につくことがなかった正倫が、社会福祉、殖産、教育、衛生といった分野に多大な私財を投入したのは事実である。同史料によれば、正倫が生涯にわたってこうした事業に投じた金額の合計は、十万円弱にものぼるという。特に、後述するように旧佐倉藩地域には膨大な金銭を投資している。

周知の通り、明治二年六月に公卿・諸侯はすべて華族とされ、翌三年十一月には武家華族に対して東京への移住命令が出された。彼らの地方への帰郷が許されたのは、一八八七年十月十五日のことで「地方ニ就キ、産業ニ従事或ハ家計維持スルノ目的ヲ以テ」各都道府県への移住が認められた。[11]これにより、正倫は一部の側近から反対意見が出たものの、一八八八年十月初頭頃には佐倉への移住を決断し、邸宅の建築を指示した。[12] 邸宅の完成後、正倫は一八九〇年十一月八日に東京府深川区深川佐賀町二丁目五十七番地から千葉県印旛郡佐倉町鏑木町三二〇番地（現・旧堀田邸）へ移っている。一八九六年二月二十八日には、千葉県への貫属替願いを宮内省へ提出し、三月二日に許可を得た。[13]

東京移住によって、物理的には正倫の身体と旧藩地域は切り離されたことになるが、実質的な関係は途絶えていない。それは、主として金品の「献上」・「下賜」といった行為に見出せる。たとえば、教育関係の下賜として、一八七六年四月に佐倉中学校鹿山精舎《ろくざんせいしゃ》ほか四校へ金三〇〇円を寄附して台所事情が厳しくなった学校の経営資金に当てさせている。[14] 同校は、現在の千葉県立佐倉高等学校に連なるもので、佐倉藩校が起源となって設置された学校である。正倫は、これ以後も経済的自立を促しつつも支援をつづけている。[15] また、同校に限らず千葉県内の学校に教育資金を寄附していた。[16] また、正倫は教育関係以外にも金員を下賜していたことが史料か

図12　堀田正倫肖像写真
（佐倉市教育委員会提供）

らうかがえる。一例だけあげれば、一八七七年の西南戦争に出征した佐倉出身者のうち凱旋した兵には慰労金を、戦死者には慰霊のため遺族に金員を下賜している[17]。下賜ばかりではなく、旧藩領民から正倫への献上行為もあった。一八七八年三月十日に、旧藩領横見郡十一か村惣代丸貫村副戸長堀口房吉・長嶋伊勢治から米の献上があり、正倫はこれに対して金二十円、酒肴料二〇〇疋を下している[18]。こうした事実からみるに、正倫は東京移住後も旧藩地域との関係を保持していたといえる。

他方で、正倫と旧藩士たちとの関係も継続している。正倫は、佐倉藩出身の士族たちから事業を起こすに当たってたびたび支援要請を受け、それに応えて援助を行っていた。佐倉において、国立銀行を設立しようとする旧藩士たちから「人心結合之為」に頭取に就任するように請われて承諾した件などからもそれがわかる[19]。この要望は、資金面だけでの後ろ盾を期待したものではなく、旧藩士たちを統合するためのシンボルとしての役割を正倫に期待したものであった。正倫は、廃藩以後も旧藩社会をつむぐための象徴でありつづけたことがここからみて取れる。

このような正倫の存在は、佐倉に帰郷する際に好意的に受け入れられたようである。帰佐当日以後の模様を堀田家の「家扶日記」から確認すると[20]、一八九〇年十一月八日午前七時に東京を出発した正倫一行が、臼井（現・佐倉市臼井）の太田屋に到着したのは午後三時頃のことであった。太田屋においては「旧藩士民衆御出迎」があり、正倫が佐倉邸に入ったのは六時になる。佐倉邸では、堀田家の家職一同が出迎えて「恐悦申上」があった。十一日には、印旛郡長武藤宗彬へ「彼是御世話」になるため「御贈御使者」として家扶田村利貞《としさだ》を派遣し、これを受けて同日中に武藤郡長と警察署長吉田精一が堀田邸を訪問している。十四日には、千葉県知事藤島正健《まさたけ》へも正倫から挨拶の使者として田村利貞が派遣された。つづく、十二月七日には旧藩士民一一〇〇余名が参加して「移住後御歓ノ為」に西尋常小学校にて祝宴が催されている。(21) この祝宴は、地域の有力者たちを中心とした大規模な会であり、正倫の帰郷がいかに大きな出来事であったかを示している。旧佐倉藩地域にとって、正倫の帰郷は地域のシンボルの帰還といえる出来事だったのである。

二　正倫の旧藩領における振る舞い

堀田正倫は、佐倉帰還後公職に就くことはなかったが、さまざまなかたちで地域と深い関係を築いている。それは、近世の藩主と領民との関係と類似する面もあるが、必ずしも一致するものではなく、廃藩以後に構築された姿といった方が正しいであろう。正倫が旧藩地域においてどのように振る舞っていたのか、「家扶日記」から具体的な項目をあげながら確認しておきたい。

①正月の祝賀

正倫の帰佐後、毎年正月に旧佐倉藩士族と旧藩領民が年賀のために堀田家を参邸するのが恒例行事となっている。たとえば、一八九二年（明治二十五）の正月には、十一・十六日に尋常小学校生徒四四三名と教師、旧藩領民が年賀のため参邸し、正倫に拝謁している。[22] 士族はともかくとして、旧藩領民や多くの生徒たちが年賀を述べ、拝謁を許されたのは近世の君主とは異なる姿といえよう。

②旧領内における行事への出席

正倫は、旧領内で開催される行事へことあるごとに出席した。毎年恒例の行事としては、佐倉練兵場における戦死者慰霊祭に陸軍から依頼を受けて出席している。[23] ほかにも、大日本衛生会佐倉支会などには求められて臨席するのが常となっていた。[24] また、堀田邸に隣接する浅間神社の祭礼など地域の行事にも足を運んでいる。[25] 正倫は、地域を代表する人物として大きな催しがある際には、招請を受けていたのである。

③旧領内・周辺地域の見学・視察

正倫は、旧領内および周辺地域の産業などの状況視察に頻繁に赴いている。たとえば、旧藩士たちが起こした同協社の製茶工場やバター製造・牧場の見物、[26] 妻伴子をともなって千葉中学校医学部・病院の見学、[27] 宮内省御料牧場を場長新山荘輔の案内で視察、[28] 佐倉の蚕業会社社長服部伝蔵の案内で同社の工場を見学[29]といったように、領内と周辺地域の状況を認識するための視察をたびたび行っている。見物・視察後は、正倫から案内人・関係者へ酒肴料・御菓子料の下賜金が必ず出される慣例となっていた。地域の代表的存在として、産業・医療などの現況を把握しておくための行動とみなすことができよう。

④園遊会

正倫は、年に一回程度堀田邸の庭園において「園遊会」を開催している。園遊会は、正倫が主催するもので、地域の有力者を招いて行われた社交の場である。会の最中には、大神楽が催され、和洋の飲食が振る舞われた。招待されたのは、佐倉連隊の関係者、県知事、郡長などであり、正倫が招待者のもとに出向いて「一々挨拶」を行っている。[30] また、他地域に移住した旧藩士民との懇親会にもそのたびに参加した。[31] こうした接待の方法も廃藩以後特有のあり方だと指摘できよう。

⑤災害時の賜金

旧藩士族や領民が災害にあった場合には、正倫は罹災者に対して救恤金を下賜している。明治二十五年に千葉町（現・千葉市）で大規模な火災が発生し、これに罹災した旧藩士民へ正倫から救助金が出されている。[32] また、同年印旛郡六崎（現・佐倉市）にて起きた火災[33]や田町・海隣寺町・鏑木町（現・佐倉市）のうち出水で被害を受けた者へ「御恵与金」が下賜されている。[34] これは、旧領民に対して正倫の「徳」が示された行為と位置づけられる。

⑥金品の下賜

正倫は、災害時以外にも旧領内の寺社や旧領民のうち「功労」があったとされる者へ金品を下付した。神社の場合、領内にある浅間神社の新築時には社・賽銭箱などを、(35)稲荷社には「神号御染筆」を下賜している。(36)旧領民のケースでは、千葉県知事から表彰された福田はるに肴料が下賜されている。(37)

⑦学校

学校については、先にみた資金の提供以外にも深い関係を保ちつづけている。旧領内の学校（東尋常小学校・西尋常小学校・高等小学校）の授業や体操を「御覧」のためにしばしば足を運んだ。(38)また、集成学校（現・佐倉高等学校）の生徒・教員を堀田邸に招いて邸内の見学をさせ、拝謁および御菓子の下賜を行ったり、(39)佐倉町の学校五校の生徒に神楽を見学させたり、(40)集成学校の開校式に出席して「御結文」を読み上げたりしている。(41)資金的な支援も継続しており、校舎の築造などに際しては金銭を寄付している。(42)これらの出来事から、旧領内の教育事業に正倫が大きく関与していたことがうかがえる。

⑧堀田家農事試験場

正倫は、一八九七年三月に堀田邸の敷地内に農業の研究機関として堀田家農事試験場を設立した。この試験場の運営のために、一九二四年（大正十三）までに二十万七一一二円の私財を投資したとされる。沿革は左の史料の通りである。

故伯爵堀田正倫夙ニ華族ノ徒座安逸ニ流ル、ヲ慨シ、地方ニ引退シテ先考ノ遺志ヲ紹キ、国利民福ノ事業ニ尽サントスルノ志アリ、明治二十年宮内省令ニ依リ在京華族ノ地方ニ移住スルコトヲ許サル、ヤ、地方ニ引退シテ教育、農業等ノ公益事業ニ尽シ、華族ノ本分ヲ全フスルノ優レルヲ感ジ、明治二十三年居ヲ旧領佐倉ニ移シ、同二十六年佐倉集成学校ノ校舎ヲ改築シテ中学程度ノ学校トナセリ、現今ノ県立佐倉中学校ハ即チ其後身ナリ、而シテ一方ニ於テハ当時本県ニ農事試験場ノ設置ナキヲ遺憾トシ、之ヲ創設シテ県下農事改良ノ資ニ供スル処アラン事ヲ期シ、故農商務省農事試験場長沢野淳氏ニ一切ノ設計ヲ嘱シ、同場技師安藤広太郎氏ニ試験ノ監督ヲ托シ、土地ヲ購入シ事務所ヲ邸内ニ設ケテ水田四反八畝歩、畑一町一反二畝歩ヲ試験地トシテ普通作物ニ関スル試験ヲ開始セリ、是レ実ニ明治三十年三月ナリ(43)

農事試験場は、ほかの旧大名が設置した例も確認される。(44)堀田家農事試験場では、華族の地方在住の趣向に適うかたちで実施された公益事業であり、地域の産業育成に資するものであった。

以上のように、正倫は佐倉に戻ったのち、産業、教育、文化などさまざまな分野に関係し、大きな影響力をもっていた。また、旧領内の視察や救恤金をはじめ種々の下賜、旧藩士民との交歓は、地域を代表する存在としての振る舞いを示すものであった。こうした行為は、天皇のそれ――恩賜、国見、教育・産業の振興と類似するものでもある。(45) 正倫は、地域における小さな「王」として君臨していたのであり、行政区分としては存在しなくなった旧藩社会を結合する存在であったことがみて取れよう。

三　先祖の顕彰

堀田正倫が地域結合の存在として位置づけられたのは、正倫個人の性格・資質によったものというだけではなく、堀田家の「家」としての性質、つまり佐倉藩主であったという歴史的事実に由来する部分が大きいのはいうまでもなかろう。必然的に、正倫や旧藩士民たちは堀田家の先祖の顕彰を行っていくことになる。特に、正倫の実父である正睦《まさよし》の顕彰はその核となる部分であった。

正睦の顕彰は、一八八一年（明治十四）に佐倉藩史の編纂が開始したのと前後して始まった。藩史編纂は、堀田家が編纂資金を供出し、依田学海ら旧藩士たちの手によって進められている。編纂事業は、「佐倉藩記」として歴代の事蹟が一代記としてまとめられたが、特に正睦の一代記である「文明公記」や正倫の事績をまとめた「正倫公記」に力点が置かれた。正倫の事績編纂に力が入れられたのは、正倫在世中に編まれた史書という性格から当然ともいえるが、正睦が重要視されたのは佐倉藩の幕末維新の経験に起因する。正睦は、条約締結の勅許を得ることができず、政争に破れるかたちで幕閣から退き、失意のうちに落命した。こうした世間的な評価、つまり佐倉藩にとっての「汚名」を返上しようとする意図から正睦の事蹟が特に強調されたのである。正睦の名誉回復の先には、薩長ら「勝者」に対して佐倉藩が出遅れた維新を取り戻そうとする目論見があった。そこで語られるのは、開国への礎を築き、日本に「文明」をもたらした正睦像である。正睦の顕彰事業は、大正大礼に当たって贈位が成し遂げられるまで旧藩士を中心として旧領において一貫してつづいた。(46)

旧藩領の士民における正睦の顕彰が大

図13　文明公追遠碑（佐倉市甚大寺）

規模に行われた最初は、「文明公追遠碑」の建設である。一八八一年、佐倉在住の旧藩士が中心となって正睦の顕彰碑建設が計画された。建碑の費用は有志の醵金によって賄われ、一八八六年の「文明公追遠碑」（平野知秋撰文、佐治延年書、宮亀年鐫、松平確堂篆額）の竣工に結実する。同碑は、現在も堀田家の菩提寺である甚大寺《じんだいじ》（現・佐倉市内）の堀田家墓地の入り口に建っている。(47) 建碑の趣旨を念のため確認しておこう。

恭シク惟ミレハ日月星辰上ミニ在リ、山川草木下モニアリ、俯仰ノ間四海萬国アリ、今ヤ我大日本西ヨリ東ヨリ各国人民輻湊シテ彼我交際之道大ニ天下ニ行レ文華開明之域ニ進ムハ是レ誰レノ功ソヤ、我旧佐倉藩主堀田紀文明公卓識不詳今更贅言ヲ費ヤサス、然而テ其盛徳偉勲ヲ日月山川ト共ニ千歳ノ後無窮ニ伝ヘント欲スル、金石ニ刻スルニ若クハナシ、故ニ各自有志者ト謀リ下総国印旛郡佐倉ニ清爽ノ地ヲ相シ、功徳碑ヲ建立シ、毎歳祭典ヲ挙行シテ以テ永世盛徳偉勲ヲ欽慕セントス、庶幾クハ四方有志諸彦応分ノ賛襄アランコトヲ、明治十四年三月下総佐倉発起人某再拝、今茲募牒文ヲ以緒言ニ代フ(48)

右は、碑の落成式に当たって作成された冊子冒頭の文章である。一読してわかるように、正睦を日本を「文華開明之域」に進めた人物だと評するものであり、この短文に建碑の意図が如実に現れている。

碑の落成を記念して一八八六年四月二十四・二十五日の両日、旧藩士民により式典が催された。この式典は、正睦の二十三回忌に合わせて行われたもので、正倫臨席のもとに実施された。式典は、士族だけでなく旧藩の領民たちも参加して催された地域を挙げた事業となっている。(49)

この七年後に開催された正睦の三十回忌である「文明公三十年祭」も、旧藩領を挙げて催された。一八九三年三月に行われた三十年祭では、東京・佐倉在住の旧藩士民が墓前に集い、士族・有志者が奏楽を担当し、佐倉町民からは墓前に蜜柑が献納された。また、この祭典にあわせて旧藩士民から石灯籠を墓前に備える計画が立案され、正睦の墓前には、佐倉町・印旛郡有志者からの石灯籠が奉献されている。(50)

図14　佐倉町から正睦の墓前に備えられた石灯籠（佐倉市甚大寺）

右のように、正倫は佐倉藩主の系譜を継ぐものであるがゆえに旧藩領において象徴的な存在として位置づけられた。正倫や旧藩士民たちはその存在の意義を実父正睦を顕彰することでより強固なものとしていったのである。

一方で、正倫は旧藩領での振る舞いに顕著なように、近世的な君主としてだけではない関係を地域と取り結んでいた。それは葬儀の場面に顕在化することになる。次節で葬儀の模様をみていこう。

四　葬儀の様相

堀田正倫は、一九一一年（明治四十四）一月十一日に佐倉にて六十一歳で病死している。危篤に陥った段階で、堀田家から親類縁者、佐倉・千葉・東京の郷友会幹事、佐倉在住の官吏へ宛てて電報が飛ばされた。臨終に間に合わせるべく、正倫の位階を従二位に進めることを報じた電報が宮内省宗秩寮《そうちつりょう》から到来し、十一日午後十一時の終電車で勲記・勲三等瑞宝章を届けるため賞勲局書記官で旧藩士の藤井善言が佐倉に到着した。(51) 翌日には、位記も堀田家に到達している。

正倫の義父である万里小路通房《までのこうじみちふさ》のほか親族五名の連名で正倫の死亡が各方面に通知され、東京に拠点を置く主な新聞社および千葉町の新聞社四社へも発表文が送られた。死亡発表と同時に、十七日に神葬式の葬儀を甚大寺で催すことが公表されている。堀田邸の使者の間と中口には、さらに詳しい臨終の様子が張り出され、最期の模様が弔問客へ伝えられた。弔問者は死亡当日からぞくぞくと訪邸し、堀田家中の者はその対応に追われる一方で葬儀の準備を急いで進め、慌ただしい時を過ごした。

十三日には、堀田家の後継である正恒《まさつね》から佐倉町役場と宗秩寮へ正式な死亡届が提出され、短時間で墓誌も完成した。この日のうちに、東京から葬儀で斎主を務めるべく富岡八幡宮の宮司富岡宣永以下神職五名と伶人三名が来佐し、祭式の次第が策定されている。わざわざ東京から富岡八幡宮の神職が招聘されたのは、正倫が深川在住期に同宮と築いた縁による。(52)

十四日には、葬儀委員が立ち上げられた。葬儀委員の総裁は陸軍軍医総監佐藤進、委員長は海軍少将丹治寛雄、副委員長は陸軍一等軍医正佐藤舜海といった陣容で、いずれも旧佐倉藩の藩士・出身者である。三名の幹部のもとには「式場委員」、「行列委員」、「儀仗兵其他接待委員」が合計十五名置かれた。彼らもまた旧佐倉藩の関係者であり、陸軍に所属していた人物である。葬儀委員は、堀田家農事試験場の事務所で執務を行い、正倫の葬儀事務全般を取り仕切った。葬儀委員の中核を担ったのは旧藩士たちであり、正倫の葬儀は士族たちが中核をになって営まれたといえる。

ただし、葬儀それ自体は旧藩士たちによる排他的空間で執行されたのではなく、民衆を含む佐倉町を挙げての行事となった。それを表す一つの出来事として、佐倉町会の決定がある。正倫の死後に臨時で佐倉町会が開催され、町全体で正倫への追悼の意を表すために、①葬式前後三日間は毎戸弔旗を掲げること、②葬儀前後三日間は歌舞音曲を停止、③棺が通る道には砂を撒くことが決議され、実施に移されている。

また、国葬で葬儀を象徴する場であった葬列にも、正倫の葬儀が町ぐるみでの「公葬」であったことが如実に示されている。

御通路所々ニハ消防隊整列シテ警戒ヲナシ、一般観拝者モ極メテ静粛ニテ敬弔ノ意ヲ表シ申候、御会葬者幷ニ拝観者ニテハ一万人以上ト申伝居候、如斯多数ノ者カ狭隘ナル場所ニ群集致シ候ニ不拘、極メテ静粛ニ所謂警察事故ト称スル事少シモ無之候、コレハ御生前ノ徳化ニ依ルコト、其ノ筋ノ人口中合ヒ居リ候趣ニ候(53)

右は、発葬祭を終え、堀田邸から甚大寺へと向かう葬列の模様を描写した記事である。これによれば、葬列の観覧者は静粛であり、その数は一万人を超えたという。付近の官吏・有志・有力者でこの場に参じない者は一人もなく、葬儀は「県下未曾有の盛儀を極めたり」という。(54) 観衆の人数や参加者の範囲は正確にはわからないが、図15・16の写真をみるに、甚大寺へ向かう新町通りは人で埋め尽くされていることが一見してわかる。

写真にみえるように、正倫の葬列には儀仗兵が供奉している。この儀仗兵は、佐倉連隊から派兵された一中隊である。これは、堀田正恒から佐倉衛戍司令官陸軍歩兵大佐竹迫弥彦へ陸軍会葬式によった葬儀を行いたいと依頼して実現したものである。それゆえ、これまでみてきた天皇から下賜される儀仗兵とは性質を異にしている。軍人でもなく、ましてや廃藩以後主立った公職についたことがない人物に対して陸軍から儀仗兵が派遣され、大規模なパレードが組まれたのは異例といえよう。葬列では、儀仗兵以外にも、勲章が棒持されるなど国葬のそれと類似する点も多々みられ、第三者の視線を意識した装飾が施されていたことが確認できる。

図15（上）・16（下）　堀田正倫の葬列（上下とも）
（個人蔵）

甚大寺で執行された「葬所祭」では、千葉県知事告森良《こつもりりょう》、佐藤進、佐倉中学校長山内佐太郎から弔詞が朗読されたほか、大日本弘道会などの諸団体から弔詞が墓前に捧げられた。その中の一つに佐倉中学校の生徒たちによる弔詞集がある。

今突如トシテ伯爵堀田正倫閣下ノ訃音ニ接シ、哀惜嗟嘆ニタヘザルナリ、伯爵閣下ハタダニ生等ガ故郷旧佐倉藩主トシテ温厚篤実ノ君子タルノミナラズ、生等ガ一刻モ怠ルベカラザル最大恩人ニシテ、閣下ノ生等ヲ見ル赤子ノ如ク、生等ノ閣下ヲ仰グ慈父ノ如キハソノ間離ルベカラザル情愛ノ存スレバナリ（中略）

明治四十四年一月十七日

第五学年甲組
高田元三郎(55)

弔詞集から一人の生徒のものを抜粋したのが右であるが、この弔詞は、地域における象徴的存在としての正倫の慈恵が述べられ、生徒の立場から旧藩地域の「哀しみ」が強調される。こうした現象は、空間の規模は違えど三條実美の国葬時に各地から届けられた弔詞に似たものといえよう。ここからも、正倫の死が地域ぐるみで共有されていたことが指摘できる。

葬儀の費用は、堀田家が自弁した分以外に、印旛郡有志者から十五円九十二銭五厘、旧藩士で構成される郷友会から八〇〇円の寄付があったほかに、佐倉町から八〇〇円が出資されている。葬儀に係るすべての費用が公費で賄われる公葬と定義が一致するわけではないが、一部の費用は佐倉町から出されており、経費の点からも正倫の葬儀が公葬の要素を有していたことが看取できよう。

小括

本章では、旧佐倉藩主堀田正倫の地域における位置づけを確認した上で、葬儀の模様を検討した。正倫は、東京在住期から旧佐倉藩領地域との関係を継続し、特に帰還後はその関係を廃藩以前とは異なるかたちで深めていった。公職に就くことはなかったものの地域育成のために教育・産業などの諸分野に多額の私財を投じている。正倫が死亡したのちにも、遺産から佐倉町教育基本金三〇〇〇円、佐倉奨学会一万円、郷友会一二〇〇円、佐倉青年会三〇〇円が分与されており[56]、地域への金銭的な支援を廃藩以後生涯にわたってつづけたといえる。

また、正倫は、旧藩領内を頻繁に視察して状況の把握に努め、旧藩士民に対して「恩賜」を施し、地域の行事にはたびたび足を運ぶなど象徴的存在として常に振る舞っていた。その存在感は、旧藩士民が共有する記憶、つまり歴史としての佐倉藩の回顧、とりわけ正倫の父である正睦を顕彰することによってより強固なものにされようとした。最期の佐倉藩主である正倫は、旧藩領地域を結合するための歴史的蓄積を背負った地域的シンボルであったと位置づけられる。

地域の象徴的存在である正倫の葬儀は、制度こそ存在しなかったものの、公葬に近いかたちで行われた葬儀であった。それは、町全体を挙げての服喪や葬列、佐倉町からの経費の一部捻出などの事項から証明できる。正倫の葬儀は、公葬が国の主導による国葬から地域における公葬（市葬・町葬など）へと波及してゆく一過程で現れた一つの形態とみなすことができるであろう。

正倫の葬儀より、九十年以上を経過した二〇〇三年（平成十五）には佐倉市長をつとめた堀田正久の葬儀が市民葬で行われた。正倫の葬儀は、同地域においては端緒となる事例であり、以後にも継承されることになる画期的な出来事であったといえる。

註

（1）佐倉藩領には飛び地もあったが、ここでは千葉県印旛郡佐倉町（主に現佐倉市域）を主な対象とした分析を行う。

（2）堀田家に伝来した文書について、廃藩までの分は『下総佐倉藩堀田家文書』（雄松堂書店）がマイクロフィルム版で発行されていることもあり従来から広く活用されてきた。しかしながら、「下総佐倉堀田家文書」（公益財団法人日産厚生会佐倉厚生園病院蔵、佐倉市寄託）の中には廃藩以後の史料も多数伝来しており、近年利用が進められている。

(3) たとえば、内山一幸「明治前期における大名華族の意識と行動――立花寛治の農事試験場建設を事例に――」(『日本史研究』五七六、二〇一〇年)、布施賢治「庄内における育英事業と地域社会――青年の上京遊学の実態と彼らの育英観・庄内観を視点として――」(『米沢史学』二八、二〇一二年)などがある。

(4) 角鹿尚計「松平春獄の薨去と葬儀――関係史料の紹介を中心に――」(『福井市立郷土歴史博物館研究紀要』一五、二〇〇八年)。

(5) 真辺将之「明治期「旧藩士」の意識と社会的結合――旧下総佐倉藩士を中心に――」(『史学雑誌』一一四―一、二〇〇五年)。

(6) 藤方博之「旧佐倉藩士族結社の活動と士族の「家」――同協社を事例として――」(地方史研究協議会編『北総地域の水辺と台地――生活空間の歴史的変容――』雄山閣、二〇一一年)。

(7) 宮間純一「明治・大正期における幕末維新期人物像の形成――堀田正睦を事例として――」(『佐倉市史研究』二二、二〇〇九年)、同「堀田伯爵家と近代北総地域」(『地方史研究』六〇―四、二〇一〇年)。

(8) ただし、大隈重信のように国葬にするか否かが議論され結果的に国民葬とされたようなケースもあり、基準がまったく明確だったわけではない。

(9) 宮間純一「慶応四年堀田正倫の上京――藩士の日記を素材に――」(『佐倉市史研究』二五、二〇一二年)。

(10) 「叙勲裁可書・明治四十四年・叙勲巻一・内国人一」(国立公文書館蔵、請求番号本館―二A―〇一八―〇〇・勲〇〇三四七一〇〇)。なお、堀田正倫の生涯の概略については、佐倉市教育委員会編『堀田正倫』(佐倉市教育委員会、二〇〇五年)も参照。

(11) 『法令全書』明治二十年、宮内省達第五号。

(12) 『学海日録』一八八八年十月一日条(岩波書店、一九九〇年)。

(13)「華族諸届録」明治二十九年、第一二五号文書（宮内庁宮内公文書館蔵、識別番号二五六七九）。
(14)「叙勲裁可書・明治四十四年・叙勲巻一・内国人一」。
(15)「家扶日記（東京邸）」一八七八年十月二十三日条（「下総佐倉堀田家文書」）など。
(16)「家扶日記（東京邸）」一八七八年六月二十七日条。
(17)「家扶日記（東京邸）」一八七八年十月二十三・二十六日条。
(18)「家扶日記（東京邸）」一八七八年三月十日条。
(19)「家扶日記（東京邸）」一八七八年八月二十三日条。
(20) 土佐博文「『佐倉邸家扶日記』にみる堀田伯爵家」（『佐倉市史研究』二〇、二〇〇七年）に、翻刻が掲載されているので参照されたい。
(21)「家扶日記（佐倉邸）」一八九〇年十一月八日〜十二月七日条（「下総佐倉堀田家文書」）。
(22)「家扶日記（佐倉邸）」一八九二年正月十一・十六日条。
(23)「家扶日記（佐倉邸）」一八九〇年十二月八日条。
(24)「家扶日記（佐倉邸）」一八九三年六月二十五日条。
(25)「家扶日記（佐倉邸）」一八九一年七月一日条。
(26)「家扶日記（佐倉邸）」一八九二年十一月八日条。
(27)「家扶日記（佐倉邸）」一八九一年六月二十三日条。
(28)「家扶日記（佐倉邸）」一八九一年十月十七日条。
(29)「家扶日記（佐倉邸）」一八九二年九月十一日条。
(30)「家扶日記（佐倉邸）」一八九二年五月二十九日条。
(31)「家扶日記（佐倉邸）」一八九一年六月十三日条。
(32)「家扶日記（佐倉邸）」一八九二年四月十九日条。
(33)「家扶日記（佐倉邸）」一八九二年五月三十日条。

(34)「家扶日記（佐倉邸）」一八九二年八月五日条。
(35)「家扶日記（佐倉邸）」一八九二年六月三十日条。
(36)「家扶日記（佐倉邸）」一八九二年十月二十九日条。
(37)「家扶日記（佐倉邸）」一八九二年十月九日条。
(38)「家扶日記（佐倉邸）」一八九一年五月二十六・二十七日、一八九三年六月十二日条。篠丸頼彦編『校史千葉県立佐倉高等学校』（千葉県立佐倉高等学校、一九六一年）、記念誌編纂委員会編『校史二　千葉県立佐倉高等学校』（千葉県立佐倉高等学校、二〇〇〇年）。
(39)「家扶日記（佐倉邸）」一八九二年十一月三日条。
(40)「家扶日記（佐倉邸）」一八九二年五月三十日条。
(41)「家扶日記（佐倉邸）」一八九三年八月二十日条。
(42)「家扶日記（佐倉邸）」一八九三年五月十八日条。
(43)一九二五年（大正十四）「堀田家農事試験場　事業概要」（千葉県史料研究財団編『千葉県の歴史』資料編・近現代四（産業・経済一）、千葉県、一九九七年）。
(44)前掲註（3）内山「明治前期における大名華族の意識と行動――立花寛治の農事試験場建設を事例に――」。
(45)この問題に本格的にふれる準備はないが、『明治天皇紀』などにみえる天皇の営為は、国、旧藩領域という空間的な相違はあっても、正倫の行為と重なる部分が大きい。
(46)前掲註（7）宮間「明治・大正期における幕末維新期人物像の形成」。
(47)前掲註（7）宮間「明治・大正期における幕末維新期人物像の形成」。
(48)明治十九年五月「文明公追遠記事　全」（『下総佐倉藩堀田家文書』二一―一二九）。
(49)明治十九年五月「文明公追遠記事　全」。
(50)「家扶日記（佐倉邸）」一八九三年三月十二・十九日条。

(51)一九一一年「豁堂様御新葬記録」(「下総佐倉堀田家文書」)。以下、断らない限り本節の記述は同史料による。
(52)「家扶日記(東京邸)」には富岡八幡宮との関係が散見される。
(53)「豁堂様御新葬記録」。
(54)寺本善一郎『堀田正倫公』(私家版、一九一一年)。
(55)一九一一年「弔詞」(佐倉中学校)(「下総佐倉堀田家文書」)。
(56)「豁堂様御新葬記録」。

終　章

――まとめと展望

本書では、明治初期からの「功臣」の死を「私」から「公」への変遷に視座を据えて検討してきた。その過程は、国葬が完成するまでの軌跡とほぼ同一線上にあった。本書全体の分析結果をまとめておきたい。

明治新政府は、発足当初から政府要人の死に積極的に関与するようになってゆく。それは、天皇の名による「恩賜」となって具現化した。具体的な行為としては、祭粢料の下賜、慰問使の差遣、誄詞、贈位・贈官、葬列への儀仗兵の下賜があげられる。これらは、天皇と死者あるいはその遺族間だけでの限定されたやりとりではなく、国家に功績があったとされる人物の死を天皇が悼んでいることを表明する行為であり、『太政官日誌』や『官報』・新聞などを通じて国内に広く発信された（第一章）。

「恩賜」は死者に対して一律に与えられたものではなく、在官年数や官職の高低、現役か否かなどの基準をもって大小の差がつけられた。それは、すなわち政府による死の差別化を意味するものである。とりわけ、厚遇に処されたのが暗殺により死去した現役の高官であった。遭難当時、政府首脳の一人であった広沢真臣には、多大なる「恩賜」が与えられており、葬儀の様式や墓地の選定などに政府の意思が深く介入している。また、葬列には御親兵や山口藩兵が加わり、近世以前にはみられなかったみせることを前提とした死の演出が施された。そうした措置には、暗殺者＝反政府勢力に対する政府・山口藩の牽制がみてとれる。他方で、広沢の葬儀はあくまでも「家」が主催した儀式であり、東京で執行された葬儀以外にも山口藩において別に葬儀・追悼が行われるなど、私葬としての側面も強い（第二章）。

実質的な公葬の最初と位置づけられるのは、広沢と同じく暗殺によって最期をむかえた大久保利通の葬儀である。大久保の葬儀に当たって伊藤博文らは、国葬の礼式をもって執行することをめざし、各国の領事へ具体的な問合せを行った。大久保の葬儀は、国費から多大な出費がなされたこと、パレードさながらの葬列が行進し、不特定多数の第三者の目にさらされたこと、参列者に大礼服を着用するよう指示されたことなどから公葬としての条件をほぼ具備していたといえる。国葬は、当時日本には実施した前例がなく、また政府として大久保の死は想定外の出来事であった。そのため、態勢が整っておらず、大久保の葬儀は形式の上では国葬とはいえない。しかしながら国葬＝天皇と国民が一人の「国家の功臣」の不幸を歎く空間、という根本的な図式は、大久保の葬儀時に成立したといえる（第三章）。

かくして催された大久保の葬儀は、皇族の葬儀と比較しても圧倒的に盛大なものであった。静寛院宮の葬儀をみてわかるように、皇族の場合でも、葬列の場面で大規模な行列が展開されるなど、観衆を巻き込んだ国家を挙げての葬儀は一八七七年（明治十）段階で成立しつつあった。特に、静寛院宮の葬儀はほかの皇族よりも大きな規模であったが、それと比較しても大久保の葬儀の方が大々的に催されている（第四章）。政府が、大久保の葬儀を皇族でも例がないほどの規模で実施したのは、この葬儀が国家としての面子をかけたものであり、葬儀に反政府勢力の否定という政治的メッセージを託していたからだと考えられる（第三章）。

日本における国葬の初例となった岩倉具視のケースでは、死期が近づくと国葬の制度策定に向けての準備が進められた。暗殺された大久保とは異なり、岩倉の国葬は生前から用意されたものだったのである。結果的には裁可にいたらなかったが、「国喪内規」の作成が宮内省で進められ、その調査によって得られた情報・知識は岩倉以降の国葬に反映されていった。岩倉の葬儀は、大久保の葬儀で創出された一人の「功臣」の死を国家を挙げて哀悼するという原型をさらに整えたものと位置づけられる。具体的には、葬列の装飾方法や参列者の服装などの整備がなされた。一方で、大久保の死亡時には確認できないいくつかの新しい要素が追加された。すなわち、『官報』で広く葬儀の詳細が公表されたこと、葬儀執行のための組織の設置や費用支出が太政官・太政大臣によって正式に命じられていること、廃朝および死刑執行停止が布達されたことである。これらを、備えたことによって岩倉の葬儀は、一応日本史上の国葬の最初と位置づけられるのである（第五章）。

岩倉の葬儀で一応の成立をみた国葬は、島津久光の葬儀を経て、三条実美の葬儀によって完成した。この見解は、国葬にとって最も重要な要素である天皇から「功臣」へ、天皇の決定・命により国葬を賜るという形式が確立したのが三条の葬儀であったことによる。このことは、文書の決裁様式に明確に表出した。また、政府が「国葬」の二文字を使用して葬儀を表現したのも三条が最初である。さらには、三条の死亡時には各地域から弔詞が寄せられ、遙祭が営まれた。こうした社会現象は、三條より前の事例では全国規模ではみられない。三條の死は、メディアを介して全国各地に波及し、各地域において「功臣」の死を悼み共有する場が用意されたといえる（第六章）。

国葬は、一次的なイベントとして行われたものであったが、永続的に「功臣」の功績を讃え、それを誇示・共有するための表象として神道碑が製作された。この神道碑は、勅撰碑文により成るもので、通常の顕彰碑の類とは一線を画すものである。神道碑を媒体として、製作を命じた天皇と、碑を直接的・間接的に目撃した人びとが「功臣」の記憶を永く共有化することが企図された。勅撰碑の下賜は、国葬に加え「功臣」の死をさらに差別化したのである（第七章）。そうした意味では、宮内省をして岩倉や三條らの事蹟をまとめさせたのも同種の意味を有するといえよう（第六章）。

政府が主導する公葬が成立・完成する一方で、地方行政体を単位とした公葬も現れる。旧佐倉藩領地域を結合するシンボルであったと位置づけられる堀田正倫の葬儀は、制度こそ存在しなかったものの、実質的に公葬として行われた。正倫の葬儀は、公葬が国から地域へと広がりをもってゆく一過程で現れた葬儀とみなすことができる（第八章）。

以上のような足跡をたどり、明治以降の日本において政府が主導する公葬は成立・展開していった。政府の手によって、天皇の名の下に一人の「功臣」の死が「私」から「公」へと変遷する中で、その死と生前の「功績」は国家全体で共有されようとし、その結果成立した国葬は「国民」としての一体感を生むための一大イベントとなった。この性質は、戦中期に行われた山本五十六の葬儀、さらには戦後の吉田茂まで継承されており、今なお日本社会に残存する公葬制度に引き継がれているのである。

冒頭で述べたように、近代における政治と死にまつわる研究はようやく端緒についたばかりであり、本書でもさらなる課題が残っている。最後に今後の課題と展望を若干述べておく。

第一に、三條以後の国葬の展開である。国葬は、大久保利通から吉田茂まで根底にある性格は共通するが、その時々の政治・社会情勢に応じた目的が付与されている。こうした検討のためには、個々の葬儀についての詳細な分析を重ねていかなくてはならない。また、国葬令が作成されるまでの法的な整備過程を検証する必要もあろう。

第二に、序章でも少しふれた国葬に対する民衆の受容あるいは反発である。本書で扱った大久保の葬儀や岩倉・三條の国葬では、民衆が多数巻き込まれ、かれらもキャストの一員となり葬儀が成立した。だが、彼らが具体的にどのような反応を示したかという点には本書ではほぼ言及できなかった。三條の葬儀まででは、抵抗を示すような動向は発見できていないが、大喪儀の場合、過剰な「自粛」が産業・生活に影響を及ぼしたことが報告されている。(1) 本書で明らかにした国葬を提供する側の意図とあわせて、それを受け取る側＝民衆の動きも検討する必要がある。

第三に、各国における国葬制度との比較である。国葬は、東西を問わず、世界各地でみられる現象である。(2) 国葬はその国家の性格を如実に表すものでもあり、複数国の事例をあわせて検証することは、国家としての特性を比較することにつながると考えられる。日本の国葬が、西洋の制度を参考にしながら独自の様式を築いていったことは本書でみた通りであるが、それが世界史の中でいかに位置づくのかは非常に重要な問題であるといえよう。

これらの課題は、いずれも国家論と関わる大きな問題であり、すぐに解決できるものではないが、今後少しずつ取り組んでいくための展望とし、本書のむすびにかえたい。

註

（1）中島三千男「明治天皇の大喪と帝国の形成」（網野善彦ほか編『岩波講座天皇と王権を考える第五巻　王権と儀礼』岩波書店、二〇〇二年）。

（2）中村武司「ネルソンの国葬――セントポール大聖堂における軍人のコメモレイション――」（『史林』九一―一、二〇〇八年）。

主要参考文献（発表年順）

宮内庁編『明治天皇紀』第一～七（吉川弘文館、一九六八～一九七二年）
木村尚三郎編『生と死』Ⅰ・Ⅱ（東京大学出版会、一九八三・一九八四年）
遠矢浩規『利通暗殺――紀尾井町事件の基礎的研究――』（行人社、一九八六年）
笹川紀勝『天皇の葬儀』（新教出版社、一九八八年）
田中伸尚『大正天皇の大葬――国家行事の周辺で――』（第三書館、一九八八年）
中島三千男『天皇の代替わりと国民』（青木書店、一九九〇年）
T・フジタニ著・米山リサ訳『天皇のページェント――近代日本の歴史民族誌から――』（日本放送出版協会、一九九四年）
林由紀子『近世服忌令の研究――幕藩制国家の喪と穢――』（清文堂出版、一九九八年）
石川県立博物館編『紀尾井町事件――武士の近代と地域社会――』（石川県立博物館企画展図録、一九九九年）
此経啓助『明治人のお葬式』（現代書館、二〇〇一年）
中島三千男「明治天皇の大喪と帝国の形成」（網野善彦ほか編『岩波講座天皇と王権を考える第五巻　王権と儀礼』岩波書店、二〇〇二年）

此経啓介「明治時代の葬列とその社会的象徴性」（『日本大学芸術学部紀要』四〇、二〇〇四年）
小園優子・中島三千男「近代の皇室儀式における英照皇太后大喪の位置と国民統合」（神奈川大学人文学会『人文研究』一五七、二〇〇五年）
中島三千男「明治天皇の大喪と台湾――代替わり儀式と帝国の形成――」（『歴史と民俗』二一、二〇〇五年）
荒船俊太郎「大隈重信陞爵・国葬問題をめぐる政治過程」（『早稲田大学史紀要』三八、二〇〇八年）
風見明『明治新政府の喪服改革』（雄山閣、二〇〇八年）
角鹿尚計「松平春嶽の薨去と葬儀――関係史料の紹介を中心に――」（『福井市立郷土歴史博物館研究紀要』一五、二〇〇八年）
中川学『近世の死と政治――鳴物停止と穢――』（吉川弘文館、二〇〇八年）
遠藤興一『天皇制慈恵主義の成立』（学文社、二〇一〇年）
刑部芳則『洋服・散髪・脱刀――服制の明治維新――』（講談社選書メチエ、二〇一〇年）
宮間純一「大久保利通の葬儀に関する基礎的考察――国葬成立の前史として――」（『風俗史学』四一、二〇一〇年）
NHK取材班編著『朝鮮王朝「儀軌」百年の流転』（NHK出版、二〇一一年）
佐藤麻里「将軍の死と『自粛』する江戸社会――都市江戸の鳴物停止・商売停止について――」（東京学芸大学『学校教育学研究論集』二四、二〇一一年）
佐藤麻里「死を操作される将軍――近世後期将軍の「身体」から権力を考える――」（『史海』五八、二〇一一年）

新城道彦『天皇の韓国併合――王公族の創設と帝国の葛藤――』（法政大学出版会、二〇一一年）
研谷紀夫「鍋島直正の葬儀と国葬の成立に関する基礎的研究」（『鍋島報效会助成研究報告書』五、財団法人鍋島報效会、二〇一一年）
研谷紀夫「公葬のメディア表象の形成と共同体におけるその受容と継承――伊藤博文の国葬における新聞・雑誌・絵葉書・写真帖を中心に――」（『共立女子大学文芸学部紀要』五八、二〇一二年）
藤田大誠「青山葬場殿から明治神宮外苑へ――明治天皇大喪儀の空間的意義――」（『明治聖徳記念学会紀要』四九、二〇一二年）
深谷克己『死者のはたらきと江戸時代――遺訓・家訓・辞世――』（吉川弘文館、二〇一四年）
島薗進・高埜利彦・林淳・若尾政希編『生と死（シリーズ日本人と宗教）』（春秋社、二〇一五年）

あとがき

本書は、大部分が書き下ろしであるが、一部過去に論文化もしくは口頭発表したものが含まれるので初出を掲げておく。ただし、本書の刊行に当たっていずれも大幅に加除・修正を加えている。

第一章および第二章の一部　「明治初期における政府要人の葬儀――大久保利通の葬儀まで――」

（第四一回明治維新史学会大会口頭発表、二〇一一年）

第三章　「大久保利通の葬儀に関する基礎的考察――国葬成立の前史として――」

（『風俗史学』四一、二〇一〇年）

第六章の一部　「宮内省における修史事業とアーカイブズ――「三條実美公年譜」を事例に――」

（全国歴史資料保存利用機関連絡協議会関東部会口頭発表、二〇一五年）

第八章　「最後の藩主堀田正倫と地域」

（佐倉城下町四〇〇年記念リレー講座講演、二〇一五年）

私は、もともと幕末維新期の政治史、とりわけ卒業論文から博士論文までは戊辰内乱期を対象とした研究を進めてきた。研究者の入り口から、葬儀や死に関するテーマを専門としてきたわけではない。そんな私が、国葬の研究を行うきっかけとなったのは大学院在籍中のゼミの課題であった。指導教授の松尾正人先生から出されたその年のゼミ共通の研究テーマは「大久保利通」であり、あまたある大久保研究に対して何をしたものかと悪戦苦闘したのをよく覚えている。大久保の関係文書を片っ端からくってみたところ、自分の関心と史料の伝来状況、研究の手薄さが一致したのが葬儀をめぐる問題であった。

たとえ失敗作であったとしても、興味をもってまとめて研究したことは、自分の中にとどめず何らかのかたちで発信したいと思っている私は、その後この拙い成果を論文化する機会を得た。さらに、内容を発展させた研究報告や講演を行う場も何度かいただいた。その過程では、多くの方からご意見・ご批判をいただき、それを励みとしながら、人間である以上常にまとわりつく死と権力の関係についてより深く学ぶことができた。はじめてこのテーマに出会った時は、本を一冊書くことになるとは思いもよらなかったが、大学院生時代の発見が私の研究活動を支えていることを今改めて実感している。

終章でも述べたように、本書は日本近代史上の権力と「功臣」の死をめぐる研究にある程度の見通しをつけるため、公文書を中心に可能な限り多くの史料を集め、明治初年から国葬の完成までとその周辺にある問題を実証的にまとめたものである。この分野に関する研究はまだ着手されたばかりであり、本書で明らかにしたこと以上に残された課題も多くある。本書がいくらかでも研究の進展の助けとなることを願ってやまない。

本書の刊行に当たっては、研究のきっかけをいただいた松尾先生をはじめゼミ・学会の諸先輩・友人・後輩、新旧職場の同僚、史料所蔵者・史料所蔵機関の方々に大変お世話になった。ここでお一人ずつお名前を記すことはしないが、記して感謝申し上げます。また、妊娠・子育てで多忙な中、執筆・研究の時間・環境を作ってくれた妻にもこの場を借りてお礼を言いたい。

最後に、本書刊行の機会をいただいた高橋伸拓さん、粘り強く原稿を待ってくださった勉誠出版の吉田祐輔さんに深く感謝申し上げます。

二〇一五年十月二十日

著者しるす

パブリック・ヒストリー入門
開かれた歴史学への挑戦

歴史学や社会学、文化人類学のみならず、文化財レスキューや映画製作等、さまざまな歴史実践の現場より、歴史を考え、歴史を生きる営みを紹介。日本初の概説書！

菅豊・北條勝貴 編・本体四八〇〇円（+税）

明治が歴史になったとき
史学史としての大久保利謙

日本近代史研究の先駆者である大久保利謙の足跡を史学史・史料論・蔵書論の観点を交え検証し、日本近代史研究の誕生の瞬間を描き出す。

佐藤雄基 編・本体二八〇〇円（+税）

史学科の比較史
歴史学の制度化と近代日本

13の特筆すべき大学・機関を抽出し、修史事業の開始した一八六九年から一九四五年に至るまでの、帝国日本における史学科・研究機関の歴史をたどる。

小澤実・佐藤雄基 編・本体七〇〇〇円（+税）

「戦没者慰霊」の歴史と近代日本

靖国神社等、戦死者の慰霊・追悼の枠組みを「戦没者慰霊」と定義、その形成過程の歴史を探る。慰霊施設・行事等の関係性から、多面的な戦没者慰霊の有り様を考察。

白川哲夫 編・本体四二〇〇円（+税）

著者略歴
宮間純一（みやま・じゅんいち）
1982年千葉県生まれ。
2012年中央大学大学院博士後期課程修了。博士（史学）。
千葉県文書館嘱託職員、宮内庁書陵部研究職、国文学研究資料館准教授、中央大学文学部准教授を経て、現在、中央大学文学部教授。
主な著書に『戊辰内乱期の社会―佐幕と勤王のあいだ』（思文閣出版、2015年）、『天皇陵と近代―地域の中の大友皇子伝説』（平凡社、2018年）などがある。

国葬《こくそう》の成立《せいりつ》――明治国家と「功臣」の死

平成27年11月20日　初版発行
令和4年8月10日　初版第2刷発行

著　者　宮間純一

制　作　株式会社勉誠社
発　売　勉誠出版株式会社
〒101-0061　東京都千代田区神田三崎町2-18-4
TEL：(03)5215-9021(代)　FAX：(03)5215-9025

印　刷
製　本　中央精版印刷

ISBN978-4-585-22130-2　C1021

索引

人名

【あ行】

【か行】

【さ行】

【た行】

【な行】

【は行】

【ま行】

事　項

【さ行】

【た行】

【な行】

【は行】

【ま行】

【や行】

【ら行】